汽车电气实训指导书

主　编　李小娜　李云杰
副主编　易坤仁　周春华

内 容 简 介

本书根据职业学校的教学实际，以汽车电气设备维修常见案例作为实训依据，根据实际教学需求，有针对性地设置实训教学任务，增强学生实际动手能力。每个项目均在实车上完成，贴近实践，增强学生对修理过程的真实感受。本书根据教材相对应地设计了12个项目供不同学校根据自身条件有选择性地完成。全书始终贯穿"7S"管理模式，以使学生具有良好的职业素养，为学生就业打好扎实的基础。

全书讲解清晰、简练，配有大量的图片，明了直观。本书适合作为职业院校汽车专业教材，也可作为汽车售后服务站专业技术人员的培训教材。

版权专有　侵权必究

图书在版编目（CIP）数据

汽车电气实训指导书 / 李小娜，李云杰主编 . —北京：北京理工大学出版社，2017.11
ISBN 978-7-5682-4951-5

Ⅰ.①汽… Ⅱ.①李…②李… Ⅲ.①汽车—电气设备—高等职业教育—教材 Ⅳ.①U463.6

中国版本图书馆 CIP 数据核字（2017）第 268360 号

出版发行 / 北京理工大学出版社有限责任公司	
社　　址 / 北京市海淀区中关村南大街 5 号	
邮　　编 / 100081	
电　　话 /（010）68914775（总编室）	
（010）82562903（教材售后服务热线）	
（010）68948351（其他图书服务热线）	
网　　址 / http：//www.bitpress.com.cn	
经　　销 / 全国各地新华书店	
印　　刷 / 北京佳创奇点彩色印刷有限公司	
开　　本 / 787 毫米 ×1092 毫米　1/16	责任编辑 / 杜春英
印　　张 / 8	文案编辑 / 孟祥雪
字　　数 / 175 千字	责任校对 / 周瑞红
版　　次 / 2017 年 11 月第 1 版　2017 年 11 月第 1 次印刷	责任印制 / 边心超
定　　价 / 28.00 元	

图书出现印装质量问题，请拨打售后服务热线，本社负责调换

前　言

截至 2016 年年底，我国汽车保有量已经突破了 1.94 亿辆。随着汽车电子技术的不断发展，车辆上电控系统的数量不断增多，而且功能也越来越复杂。特别是建立在先进传感技术基础上的故障诊断系统在各种汽车上大量应用之后，各种现代化检测诊断仪器和维修技术也应运而生，现代汽车已发展成为机电一体化的高科技载体。这给汽车维修业带来了极大的机遇和挑战，同时也对汽车维修人员的技术水平提出了更高、更新的要求。

同时，为了解决学生学不懂、学习兴趣不浓、教材内容枯燥乏味、老师不好教等问题，北京理工大学出版社特邀请一批知名行业专家、学者以及一线骨干老师结合新的专业教学标准，规划出版了该套图解版汽车职业教育系列教材。

本系列教材坚持如下定位：

◇ 以就业为导向，培养学生的实际运用能力，以达到学以致用的目的；

◇ 以科学性、实用性、通用性为原则，以使教材符合职业教育汽车类课程体系设置；

◇ 以提高学生综合素质为基础，充分考虑对学生个人能力的提高；

◇ 以内容为核心，注重形式的灵活性，以便于学生接受。

本系列坚持理论知识图解化的基本理念，教材配有大量的插图、表格和立体化教学资源，介绍了大量的故障诊断、维修服务和营销案例。

◇ 在内容上强调面向应用、任务驱动、精选案例、严控质量；

◇ 在风格上力求文字简练、脉络清晰、图表明快、版式新颖；

◇ 在理论阐述上，遵循"必需"、"够用"的原则，在保证知识体系相对完整的同时，做到知识讲解实用、简洁和生动。

本书根据职业学校的教学实际，以汽车电气设备维修常见案例作为实训依据，根据实际教学需求，有针对性地设置实训教学任务，增强学生实际动手能力。每个项目均在实车上完成，贴近实践，增强学生对修理过程的真实感受。本书根据教材相对应地设计了 12 个项目供不同学校根据自身条件有选择性地完成。全书始终贯穿"7S"管理模式，以使学生具有良好的职业素养，为学生就业打好扎实的基础。

本书图文并茂、通俗易懂，适合作为职业院校汽车专业教材，也可作为汽车售后服务站专业技术人员的培训教材。

由于作者水平有限，书中可能会有疏漏和不妥之处，欢迎读者批评指正。

编　者

目 录

- **项目一　蓄电池的检测与充电** ……… 1
  - 一、实训目的 ……………………… 1
  - 二、实训前准备 …………………… 1
  - 三、老师讲解示范 ………………… 1
  - 四、实训管理 ……………………… 1
  - 五、实训操作 ……………………… 2
  - 六、练习与思考 …………………… 4
  - 七、实训报告 ……………………… 5

- **项目二　交流发电机的拆装与检测** … 8
  - 一、实训目的 ……………………… 8
  - 二、实训前准备 …………………… 8
  - 三、老师讲解示范 ………………… 8
  - 四、实训管理 ……………………… 8
  - 五、实训操作 ……………………… 9
  - 六、练习与思考 ………………… 14
  - 七、实训报告 …………………… 15

- **项目三　电压调节器的检测** ………… 18
  - 一、实训目的 …………………… 18
  - 二、实训前准备 ………………… 18
  - 三、老师讲解示范 ……………… 18
  - 四、实训管理 …………………… 18
  - 五、实训操作 …………………… 19
  - 六、练习与思考 ………………… 20
  - 七、实训报告 …………………… 21

- **项目四　电源充电系统线路的检测** … 24
  - 一、实训目的 …………………… 24
  - 二、实训前准备 ………………… 24
  - 三、老师讲解示范 ……………… 24
  - 四、实训管理 …………………… 24
  - 五、实训操作 …………………… 25
  - 六、练习与思考 ………………… 30
  - 七、实训报告 …………………… 31

- **项目五　汽车起动系统的检测与起动机的拆装** ……………………………… 34
  - 一、实训目的 …………………… 34
  - 二、实训前准备 ………………… 34
  - 三、老师讲解示范 ……………… 34
  - 四、实训管理 …………………… 34
  - 五、实训操作 …………………… 35
  - 六、练习与思考 ………………… 45
  - 七、实训报告 …………………… 46

- **项目六　点火系统的检查** …………… 49
  - 一、实训目的 …………………… 49
  - 二、实训前准备 ………………… 49
  - 三、老师讲解示范 ……………… 49
  - 四、实训管理 …………………… 49
  - 五、实训操作 …………………… 50
  - 六、练习与思考 ………………… 54
  - 七、实训报告 …………………… 55

- **项目七　仪表照明系统** ……………… 58
  - 一、实训目的 …………………… 58
  - 二、实训前准备 ………………… 58
  - 三、老师讲解示范 ……………… 58
  - 四、实训管理 …………………… 58

五、实训操作 …………………………… 59
　　六、练习与思考 ………………………… 66
　　七、实训报告 …………………………… 67

项目八　汽车空调系统的检查 ……… 70
　　一、实训目的 …………………………… 70
　　二、实训前准备 ………………………… 70
　　三、老师讲解示范 ……………………… 70
　　四、实训管理 …………………………… 70
　　五、实训操作 …………………………… 71
　　六、练习与思考 ………………………… 78
　　七、实训报告 …………………………… 78

项目九　雨刮洗涤系统的调整 ……… 81
　　一、实训目的 …………………………… 81
　　二、实训前准备 ………………………… 81
　　三、老师讲解示范 ……………………… 81
　　四、实训管理 …………………………… 81
　　五、实训操作 …………………………… 82
　　六、练习与思考 ………………………… 83
　　七、实训报告 …………………………… 84

项目十　电动车窗的检查 …………… 87
　　一、实训目的 …………………………… 87
　　二、实训前准备 ………………………… 87
　　三、老师讲解示范 ……………………… 87
　　四、实训管理 …………………………… 87
　　五、实训操作 …………………………… 88
　　六、练习与思考 ………………………… 93
　　七、实训报告 …………………………… 94

项目十一　中控门锁的检查 ………… 97
　　一、实训目的 …………………………… 97
　　二、实训前准备 ………………………… 97
　　三、老师讲解示范 ……………………… 97
　　四、实训管理 …………………………… 97
　　五、实训操作 …………………………… 98
　　六、练习与思考 ………………………… 104
　　七、实训报告 …………………………… 105

项目十二　电动后视镜及电动座椅的检查 …………………………… 108
　　一、实训目的 …………………………… 108
　　二、实训前准备 ………………………… 108
　　三、老师讲解示范 ……………………… 108
　　四、实训管理 …………………………… 108
　　五、实训操作 …………………………… 109
　　六、练习与思考 ………………………… 116
　　七、实训报告 …………………………… 117

项目一　蓄电池的检测与充电

一、实训目的

（1）掌握蓄电池存电量的检测方法。

（2）学会使用密度计和高率放电计等检查蓄电池的技术状况。

（3）掌握蓄电池漏电的检测方法。

二、实训前准备

1. 蓄电池

（1）解体的联条外接式蓄电池 5 个；

（2）解体的联条外壁式蓄电池 5 个；

（3）解体的免维护蓄电池 5 个；

（4）技术状况良好的蓄电池 5 个；

（5）有故障的蓄电池 5 个。

2. 器材

密度计、温度计、玻璃管、高率放电计各 5 个，万用表 10 只，电源快速充电机 5 台。

三、老师讲解示范

（1）拆卸；

（2）检查；

（3）安装。

四、实训管理

（1）学生分组：每组 4~5 人。先让学生自己分组，选出 1 名组长并记录名字，然后视情况进行适当调整，如表 1-1 所示。

表 1-1　学生分组

第一组	第二组	第三组	第四组
组长：	组长：	组长：	组长：
成员：	成员：	成员：	成员：

（2）学生组长：协调成员，规范学生操作并收集遇到的问题，如表 1-2 所示。

表 1-2　学生规范操作（a）

第＿＿＿组			
姓名：	姓名：	姓名：	姓名：
是否串岗（　）	是否串岗（　）	是否串岗（　）	是否串岗（　）
是否完成项目（　）	是否完成项目（　）	是否完成项目（　）	是否完成项目（　）
评价：优、良、差	评价：优、良、差	评价：优、良、差	评价：优、良、差

（3）老师指导：检查操作现场安全，提醒学生注意安全，规范学生操作，解决并收集遇到的问题，指导班长协助管理，如表 1-3 所示。

表 1-3　学生规范操作（b）

班长：

第一组组长	第二组组长	第三组组长	第四组组长
是否串岗（　）	是否串岗（　）	是否串岗（　）	是否串岗（　）
是否协调成员（　）	是否协调成员（　）	是否协调成员（　）	是否协调成员（　）
评价：优、良、差	评价：优、良、差	评价：优、良、差	评价：优、良、差

五、实训操作

1. 蓄电池技术状态检测

1）外部检查

目测：检查蓄电池封胶有无开裂和损坏，极柱有无破损，壳体有无泄漏。先用温水清洗蓄电池外部的灰尘泥污，再用碱水清洗。清洗后疏通加液盖通气孔，用钢丝刷或极柱接头清洗器除去极柱和接头的氧化物并涂一层薄薄的工业凡士林或润滑脂。

2）电解液液面高度检测

用内径为 4~6 mm、长度约 150 mm 的玻璃管检测电解液液面高度。对于半透明式蓄电池，可以用目测法来检测电解液液位。当液面过低时,补加蒸馏水;当液面过高时,用密度计吸出部分电解液。

(1)目测:电解液的液位应在 min 与 max 之间,如图 1-1 所示。

(2)用玻璃管检查电解液液面的高度,液位应高出极板上沿 10~15 mm,如图 1-2 所示。

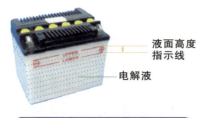

图 1-1　电解液的液位

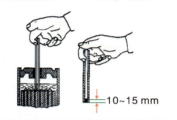

图 1-2　检查电解液液面的高度

3)用密度计测量电解液密度

用密度计测量相对密度时,应符合技术标准。密度过低时,应给予调整。免维护蓄电池多数设有内装式密度计(充电状态指示器),根据指示器的颜色判定蓄电池状态,绿色表示充足电;变黑和深色,表示存电不足,应给予充电;黄色或者无色透明,表示必须更换蓄电池。实际经验得出,电解液相对密度每减小 0.01,相当于蓄电池放电 6%,故可算出放电程度,如图 1-3 所示。

电解液相对密度和存电量之间的关系如表 1-4 所示。

图 1-3　用密度计测量电解液密度

表 1-4　电解液相对密度和存电量之间的关系

充电状态 /%	100	75	50	25	0
电解液相对密度 /(g·cm^{-3})	1.27	1.23	1.19	1.15	1.11

4)蓄电池开路(静态)电压的检测

若蓄电池刚充过电或车辆刚行驶过,则应接通前照灯远光 30 s,消除"表面充电"现象,然后熄灭前照灯,切断所有负载,用万用表测量蓄电池的开路电动势,若测得小于 12 V,则说明蓄电池过量放电;若测得 12.2~12.5 V,则说明部分放电;若高于 12.5 V,则说明蓄电池存电充足。

5)负荷试验检测

要求被测蓄电池至少存电 75% 以上,若电解液密度低于 1.22 g/cm³,用万用表测得静止电动势不到 12.4 V,则应先充足电,再作测试。

(1)电计测试:由于只能采用检测单格电池电压的普通高率放电计,因此测量时将两个叉尖紧压在单格电池的正、负极柱上,每次不超过 5 s。单格电压应在 1.5 V 以上,且在 5 s 内保持稳定。若电压低于 1.5 V,但在 5 s 内尚能保持稳定,则一般属于放电过多;若在 5 s 内电压迅速下降,或某一单格电池比其他单格低 0.1 V 以上,则表示有故障。对于新式 12 V 高率放电计,将两放电针压在蓄电池正、负极柱上,保持 15 s,若电压保持在 9.6 V 以上,则说明性能良好,但存电不足;

若稳定在 11.6~10.6 V，则说明存电充足；若电压迅速下降，则说明蓄电池已损坏。

（2）随车起动测试：在起动系正常的情况下，以起动机作为试验负荷，拔下分电器中央线并搭铁，将万用表置电压挡，接在蓄电池正、负极柱上，接通起动机 15 s，读取电压表读数，对于 12 V 蓄电池，应不低于 9.6 V。

2. 蓄电池的充电检测

1）快速充电步骤

（1）先检查蓄电池（例如：电解液液位高度，蓄电池的端电压，蓄电池的加液盖）。

（2）将快速充电器的正极线与蓄电池的正极连接，负极线与蓄电池负极连接。

（3）打开快速充电机的电源开关，选择蓄电池充电的电压，若给额定电压 12 V 的蓄电池充电，则应选用充电机的 12 V 挡位；若给额定电压 24 V 的蓄电池充电，则应选用充电机的 24 V 挡位。

（4）调节充电电流。

（5）观察充电机上的充电指示灯或电流表是否对蓄电池进行充电。

（6）蓄电池有大量气泡冒出或者充电机的电流表指针指示为 0，表示蓄电池已充满。

（7）测量蓄电池的电压是否高于 12.6 V，如高于 12.6 V，停半小时后再测一次，电压示数应不变；如低于 12.6 V，则应继续进行充电或检测蓄电池的质量。

2）充电时的注意事项

（1）注意蓄电池的正负极连接。

（2）充电场地应保持通风换气。

（3）充电时，蓄电池的温度不能超过 40 ℃，如超过，应停止，待冷却后再充。

（4）注意充电时的充电电压的选择。

（5）蓄电池充满电后应先关掉充电机电源。

（6）充电前应检查电解液是否在合适的高度。

 六、练习与思考

（1）如何检测蓄电池的端电压？

（2）如何用密度计检测电解液的密度？

七、实训报告

（1）成员实训报告，如表1-5所示。

表1-5　成员实训报告

姓名：	班级：	分组：	日期：
实训项目：			
实训内容：			
自己评语：			
老师评语：			

（2）组长实训报告，如表1-6所示。

表1-6 组长实训报告

姓名：	班级：	分组：	日期：
实训项目：			
实训内容：			
第　　　组			
姓名：	姓名：	姓名：	姓名：
是否串岗（　）	是否串岗（　）	是否串岗（　）	是否串岗（　）
是否完成项目（　）	是否完成项目（　）	是否完成项目（　）	是否完成项目（　）
评价：优、良、差	评价：优、良、差	评价：优、良、差	评价：优、良、差
自己评语：			
老师评语：			

（3）班长实训报告，如表1-7所示。

表1-7 班长实训报告

姓名：	班级：	分组：	日期：
实训项目：			
实训内容：			
第一组	第二组	第三组	第四组
是否串岗（　　）	是否串岗（　　）	是否串岗（　　）	是否串岗（　　）
是否完成项目（　　）	是否完成项目（　　）	是否完成项目（　　）	是否完成项目（　　）
评价：优、良、差	评价：优、良、差	评价：优、良、差	评价：优、良、差
自己评语：			
老师评语：			

项目二 交流发电机的拆装与检测

一、实训目的

（1）熟悉交流发电机的拆卸及装复。
（2）掌握交流发电机各部件总成的检查。
（3）正确进行交流发电机的检测。

二、实训前准备

（1）器材：发动机实验台架 5 台或汽车 5 辆，硅整流交流发电机 5 台。
（2）用具：平台 5 台，蓄电池 5 个，一字、十字螺丝刀各 5 把，开口扳手、梅花扳手各 5 套，万用表、游标卡尺、毛刷各 5 个，适量清洗剂、润滑脂、"00"号纱布及棉纱若干。

三、老师讲解示范

（1）拆卸；
（2）检查；
（3）安装。

四、实训管理

（1）学生分组：每组 4~5 人。先让学生自己分组，选出 1 名组长并记录名字，然后视情况进行适当调整，如表 2-1 所示。

表 2-1 学生分组

第一组	第二组	第三组	第四组
组长：	组长：	组长：	组长：
成员：	成员：	成员：	成员：

项目二　交流发电机的拆装与检测

（2）学生组长：协调成员，规范学生操作并收集遇到的问题，如表2-2所示。

表2-2　学生规范操作（a）

第　　组			
姓名：	姓名：	姓名：	姓名：
是否串岗（　　）	是否串岗（　　）	是否串岗（　　）	是否串岗（　　）
是否完成项目（　　）	是否完成项目（　　）	是否完成项目（　　）	是否完成项目（　　）
评价：优、良、差	评价：优、良、差	评价：优、良、差	评价：优、良、差

（3）老师指导：检查操作现场安全，提醒学生注意安全，规范学生操作，解决并收集遇到的问题，指导班长协助管理，如表2-3所示。

表2-3　学生规范操作（b）

班长：

第一组组长	第二组组长	第三组组长	第四组组长
是否串岗（　　）	是否串岗（　　）	是否串岗（　　）	是否串岗（　　）
是否协调成员（　　）	是否协调成员（　　）	是否协调成员（　　）	是否协调成员（　　）
评价：优、良、差	评价：优、良、差	评价：优、良、差	评价：优、良、差

五、实训操作

1. 硅整流交流发电机在车上的拆装

（1）断开蓄电池负极连接线。
（2）断开与发电机相关的连接线束。
（3）拆卸发电机紧固螺栓和张紧度调整螺栓。
（4）拆卸发电机支撑螺栓并拆下发电机。

2. 发电机的拆解

（1）拆下电刷及电刷架（外装式）紧固螺钉，取下电刷架总成，如图2-1所示。
（2）在前、后端盖上做记号，拆下连接前、后端盖的紧固螺栓，将其分解为与转子结合的前端盖和与定子连接的后端盖两大部分，如图2-2所示。

注意

不能单独将后端盖分离下来，否则会扯断定子绕组与整流器的连接线（即三相定子绕组端头）。

图 2-1 电刷架的拆解

图 2-2 前、后端盖的分解

（3）将转子夹紧在台虎钳上，拆下带轮紧固螺母（见图 2-3）后，可依次取下带轮、风扇、半圆键和定位套。

（4）将前端盖与转子分离，若该部件装配过紧，则可用拉力器拉开或用木槌轻轻敲，使之分离。

> **注 意**
> 铝合金端盖容易变形，拆卸时应均匀用力。

图 2-3 带轮的分解

（5）拆掉防护罩，拆掉如图 2-4 所示的后端盖上的三个螺钉，即可将防护罩取下。对于整体式发电机，先拧下"B"端子上的固定螺母并取下绝缘套管，再拧下后防尘盖上 3 个带垫片的固定螺母，取下后防尘盖，然后拆下电刷组件的两个固定螺钉和调节器的 3 个固定螺钉，取下电刷组件和 IC 调节器总成，最后拧下整流器二极管与定子绕组引线端子的连接螺钉，取下整体式整流器总成。

（6）拆下定子四个接线端（三相绕组首端及中性点）在散热板上的连接螺母，如图 2-5 所示，使定子与后端盖分离。

（7）拆下后端盖上紧固整流器总成的螺钉，取下整流器总成。

图 2-4 后端盖的分解

图 2-5 整流器的拆解

（8）零件的清洗。对机械部分使用煤油或清洗液清洗，对电气部分，如绕组、散热板及全封闭轴承等，使用干净的棉纱擦去表面的尘土和脏污。

发电机的拆解要按照工艺要求进行，禁止蛮力拆卸。拆解的零件要按照规范清洗并按顺序摆放。

3. 硅整流交流发电机的检查

发电机拆解后检测转子、定子的电阻值及绝缘电阻，可以使用指针式万用表，对于线圈电阻的测量，为取得较准确的数值，建议使用数字万用表。

1）检查转子

（1）转子绕组（磁场绕组）短路与断路检查：用万用表 $R\times1$ 挡检测两集电环之间的电阻，应符合技术标准。若阻值为"00"，则说明断路；若阻值过小，则说明短路。一般 12 V 发电机转子绕组的电阻为 3.5~6 Ω，24 V 的为 15~21 Ω，如图 2-6 所示。

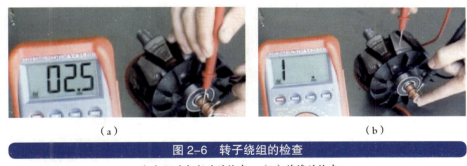

图 2-6 转子绕组的检查

（a）短路与断路的检查；（b）绝缘的检查

（2）转子绕组搭铁检查：检查转子绕组与铁芯（或转子轴）之间的绝缘情况，用万用表电阻最大挡检测两端滑环与铁芯（或转子轴）之间的电阻，若表针有偏转，则说明有搭铁故障，正常应指示"00"。

（3）集电环（滑环）检查：集电环表面应平整光滑，无明显烧损，否则用"0"号砂纸打磨；两集电环间隙处应无污垢；集电环圆度误差不超过 0.025 mm，厚度不小于 1.5 mm。

（4）转子轴检查：用百分表检查轴的弯曲，弯曲度不超过 0.05 mm（径向圆跳动公差不超过 0.1 mm），否则应予校正；爪形磁极在转子轴上应固定牢靠、间距相等。

2）检查定子

（1）定子绕组短路与断路检查：用数字万用表检测定子绕组 3 个接线端，两两相测，正常时阻值应小于 1 Ω 且相等。指针不动或阻值过大，说明断路；过小（近似等于 0），说明短路。

（2）定子绕组搭铁检查：检查定子绕组与定子铁芯间的绝缘情况，用数字万用表电阻最大挡检测定子绕组接端与定子铁芯间的电阻，若绝缘电阻 ≤ 100 Ω，则说明有搭铁故障，正常应为"∞"（显示 1 为无穷大），如图 2-7 所示。

3）检查整流器二极管

测量二极管，既可以使用指针式万用表，也可以使用数字式万用表。需要注意的是：数字式万用表红表笔是内部电池的正极，当使用其二极管挡位测量时，显示数值表示的是二极管的正向压降值，单位是 mV。

（1）检查单个二极管的好坏：分解发电机后端盖和整流板，将每个二极管的中心引线从柱上拆下或焊下，逐一检测。

图 2-7　定子绕组绝缘测量

当使用指针式万用表检测二极管时，二极管的阻值随万用表内部电压高低、挡位不同，数值也会不同，通常使用 $R \times 1$ 或 $R \times 10$ 挡，正向电阻值一般为几十欧，反向电阻值一般为几十千欧。若正反向电阻值一大一小差异很大，则说明二极管良好；若正反向电阻均为 ∞，则说明断路；若均为 0，则说明短路。使用数字万用表测量时，质量良好的二极管正向压降一般为 500~700 mV，反向电阻为几百千欧。

整流板二极管极性的判定，按照通常的检测方法进行。

（2）整体式整流器的检查：以夏利轿车 JFZ1542 型整体式发电机为例，当检测负极管时，先将与万用表（$R \times 1$ 挡）黑表笔接"E"端（图 2-8 中有 3 个部件），红表笔分别接 P1、P2、P3、P4 点，万用表均应导通，如不通，则说明该负极管断路，应更换整流器总成。调换两表笔检测部位进行测量，万用表应不导通，如导通，则说明该负极管短路，需更换整流器总成。当检测正极管时，先将一表笔与万用表红表笔接整流器端子"B"，另一表笔分别接 P1、P2、P3、P4 点，进行检测，万用表均应导通，如不通，则说明该正极管断路，应更换整流器总成，再调换两表笔检测部位进行检测，此时万用表应不导通，如：夏利轿车 JFZ1542 型整体式发电机整流板。

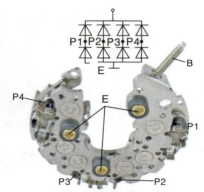

图 2-8　整体式整流器的检查

4）电刷组件的检查与修磨

（1）检查电刷组件：电刷表面不得有油污，且应在电刷架中活动自如，电刷磨损不得超过原高度的 1/2（用游标卡尺或钢板尺检测），检测电刷弹簧压力时，当电刷从电刷架中露出长度为 2 mm 时，电刷弹簧力一般为 2~3 N，电刷架应无烧损、破裂或变形，如图 2-9 所示。

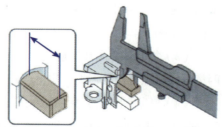

图 2-9　电刷组件的检测

（2）电刷工作面的检查与修磨：电刷表面不得有油污，电刷与滑环接触面积应达到 75% 以上，否则应进行修磨。

（3）当电刷需要修磨时：为了确保其工作面与滑环的接触面积，可将 500 号砂纸裁成与两滑环宽度相等的长条形，按发电机旋转方向将其缠绕在两滑环表面上，并用细铁丝在两端紧固，再将发电机装复；然后按发电机旋转方向转动发电机皮带轮，这样可使电刷均匀磨合；最后拆下电刷总成，用尖嘴钳取出铁丝与砂纸，用压缩空气吹净发电机内部的电刷粉尘，再将电刷总成装到发电机上即可。

5）其他零件检查

轴承轴向和径向间隙均不应大于 0.20 mm；滚道无斑点；轴承无转动异响；前后端盖、皮带轮等应无裂损；绝缘垫应完好。

将上述检测结构记录于表 2-4。

表 2-4 发电机测量记录（万用表型号：   ）

转子阻值 /Ω		转子绝缘电阻 /Ω	定子阻值 /Ω	定子绝缘电阻 Ω
二极管测量	二极管编号			
	正向测量值 /Ω			
	数字表测量值 /mV			
	反向测量值 /kΩ			
集电环检测记录				
转子轴检测记录				
碳刷检测记录				
轴承、端盖检测记录				

4. 发电机的装配

1）将整流器装到后端盖上

拧上 3 颗固定螺钉，整流器即被固定在后端盖上，应注意各绝缘垫片不能漏装，装复后用万用表电阻挡测量，"B"接线与端盖间电阻应不为 0，测量两散热板之间及绝缘散热板与端盖之间电阻，均应为 ∞，若上述电阻较小或者为 0，则表明漏装了绝缘垫片或套管，应拆开重装。

2）交定子总成与后端结合

装定子绕组上的 4 个接线端子，从后端盖孔中穿出，将接线端分别连接在整流器的接线螺钉上（见图 2-5）。

3）将前端盖装到转子轴上

先将前盖上的轴承、轴承盖安装并紧固好，再将该部分套到转子轴上，若过盈量较大，则可用木槌轻轻敲入。

4）将后端盖、定子装到转子轴上

应注意使前、后端盖上发电机安装挂脚位置恰当（符合拆解标记）。上述两大部分结合后，穿上前、后端盖紧固螺栓并分几次拧紧，注意各螺栓的拧紧切不可一次完成，而应轮流进行，并且不断转动转子，若转子运转受阻或者内部有摩擦，应调整拧紧力矩。

5）装配风扇、带轮

在转子轴上套上定位套、半圆键、风扇叶片、带轮、弹簧垫圈，拧紧带轮紧固螺母（见图 2-3）。

6）装复后端盖上的防护罩（见图 2-4）

7）安装电刷架总成（见图 2-1）

8）检验装配质量

使用万用表检测各接线柱和外壳间的电阻值，电阻值应该符合参数要求，否则应该拆卸重装。

六、练习与思考

（1）如何根据被测对象合理选用万用表的挡位才能得到比较准确的测量结果？

（2）作为三相全波整流桥的二极管，正、反相电阻不一致会产生什么不良后果？

（3）三相全波整流桥的二极管，如果有一只损坏（短路或者断路），那么发电机工作时会产生什么故障现象？

七、实训报告

（1）成员实训报告，如表 2-5 所示。

表 2-5　成员实训报告

姓名：	班级：	分组：	日期：
实训项目：			
实训内容：			
自己评语：			
老师评语：			

（2）组长实训报告，如表2-6所示。

表2-6 组长实训报告

姓名：	班级：	分组：	日期：
实训项目：			
实训内容：			
第　　组			
姓名：	姓名：	姓名：	姓名：
是否串岗（　　）	是否串岗（　　）	是否串岗（　　）	是否串岗（　　）
是否完成项目（　　）	是否完成项目（　　）	是否完成项目（　　）	是否完成项目（　　）
评价：优、良、差	评价：优、良、差	评价：优、良、差	评价：优、良、差
自己评语：			
老师评语：			

（3）班长实训报告，如表 2-7 所示。

表 2-7　班长实训报告

姓名：	班级：	分组：	日期：
实训项目：			
实训内容：			

第一组	第二组	第三组	第四组
是否串岗（　　）	是否串岗（　　）	是否串岗（　　）	是否串岗（　　）
是否完成项目（　　）	是否完成项目（　　）	是否完成项目（　　）	是否完成项目（　　）
评价：优、良、差	评价：优、良、差	评价：优、良、差	评价：优、良、差

自己评语：

老师评语：

项目三　电压调节器的检测

一、实训目的

（1）学会发电机电压调节器的检测方法。
（2）学会发电机电压调节器内、外搭铁极性的判断。
（3）学会发电机电压调节器工作性能的检测。

二、实训前准备

（1）交流发电机；
（2）万用表；
（3）常用工具；
（4）稳压电源。

三、老师讲解示范

（1）拆卸；
（2）检查；
（3）安装。

四、实训管理

（1）学生分组：每组 4~5 人。先让学生自己分组，选出 1 名组长并记录名字，然后视情况进行适当调整，如表 3-1 所示。

表 3-1　学生分组

第一组	第二组	第三组	第四组
组长：	组长：	组长：	组长：
成员：	成员：	成员：	成员：

（2）学生组长：协调成员，规范学生操作并收集遇到的问题，如表 3-2 所示。

表 3-2　学生规范操作（a）

第　　组			
姓名：	姓名：	姓名：	姓名：
是否串岗（　）	是否串岗（　）	是否串岗（　）	是否串岗（　）
是否完成项目（　）	是否完成项目（　）	是否完成项目（　）	是否完成项目（　）
评价：优、良、差	评价：优、良、差	评价：优、良、差	评价：优、良、差

（3）老师指导：检查操作现场安全，提醒学生注意安全，规范学生操作，解决并收集遇到的问题，指导班长协助管理，如表 3-3 所示。

表 3-3　学生规范操作（b）

班长：

第一组组长	第二组组长	第三组组长	第四组组长
是否串岗（　）	是否串岗（　）	是否串岗（　）	是否串岗（　）
是否协调成员（　）	是否协调成员（　）	是否协调成员（　）	是否协调成员（　）
评价：优、良、差	评价：优、良、差	评价：优、良、差	评价：优、良、差

五、实训操作

1. 内搭铁式晶体管调节器的测试

测试时先将可调直流电源与调节器用导线连接好，逐渐提高电压，当电压大于 6 V 时，灯泡开始发亮；继续提高电压，当电压达到 13.5~16.5 V 时，灯泡应熄灭，这种情况说明调节器完好。如果灯泡从开始一直不亮或亮了以后一直不熄灭，则说明调节器有故障，如图 3-1 所示。

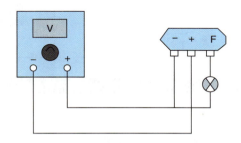

图 3-1　内搭铁式晶体管调节器的测试

2. 外搭铁式晶体管调节器的测试

按图 3-2 所示接线，可对外搭铁式晶体管调节进行测试，测试时先将可调直流电源与调节器用导线连接好，测试方法与内搭式晶体管调节器完全相同。

3. 集成电路调节器的测试

整体式交流电机的励磁绕组一般是通过调节器搭铁的，按图 3-3 所示接线，先将可调直流电流与集成电路调节器用导线连接好，测试方法与上述两种方法相同。

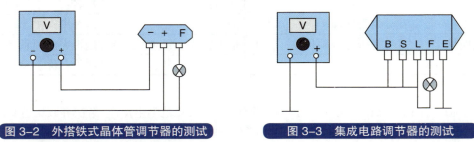

图 3-2　外搭铁式晶体管调节器的测试　　　　图 3-3　集成电路调节器的测试

4. 五十铃汽车集成电路调节器的检测

该调节器有 5 个引脚，图 3-4 中所用的可调直流电源为 0~30 V、10 A。

检测时，首先将转换开关 K 置于 1 的位置，逐渐提高可调直流稳压电源的电压，此时指示灯的亮度应随电源电压的升高而逐渐增大，当电源电压上升到（14.7±0.3）V 时，指示灯应由亮变灭；其次将转换开关 K 置于 2 的位置（S 端悬空），当电源电压上升到（14.7±0.3）V 时，指示灯由亮变灭；最后将转换开关 K 置于 3 的位置，提高电源电压至 17 V，指示灯由亮变灭。上述 3 种状况是该调节器的正常状态，若在检测中发现某一状况的测试结果与上面所述不符，则表明该调节器功能失常，应检修或更换新的调节器。

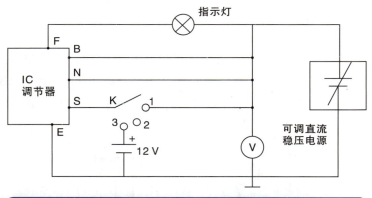

图 3-4　五十铃汽车集成电路调节器的检测

六、练习与思考

（1）调节电压值过高或过低对汽车电气系统有什么危害？

（2）如何检查电压调节器的性能？

 七、实训报告

（1）成员实训报告，如表 3-4 所示。

表 3-4 成员实训报告

姓名：	班级：	分组：	日期：
实训项目：			
实训内容：			
自己评语：			
老师评语：			

（2）组长实训报告，如表3-5所示。

表 3-5　组长实训报告

姓名：	班级：	分组：	日期：
实训项目：			
实训内容：			
第　　　　组			
姓名：	姓名：	姓名：	姓名：
是否串岗（　　）	是否串岗（　　）	是否串岗（　　）	是否串岗（　　）
是否完成项目（　　）	是否完成项目（　　）	是否完成项目（　　）	是否完成项目（　　）
评价：优、良、差	评价：优、良、差	评价：优、良、差	评价：优、良、差
自己评语：			
老师评语：			

（3）班长实训报告，如表 3-6 所示。

表 3-6　班长实训报告

姓名：	班级：	分组：	日期：
实训项目：			
实训内容：			
第一组	第二组	第三组	第四组
是否串岗（　　）	是否串岗（　　）	是否串岗（　　）	是否串岗（　　）
是否完成项目（　　）	是否完成项目（　　）	是否完成项目（　　）	是否完成项目（　　）
评价：优、良、差	评价：优、良、差	评价：优、良、差	评价：优、良、差
自己评语：			
老师评语：			

项目四 电源充电系统线路的检测

一、实训目的

（1）掌握充电系统的线路连接及电流走向分析。
（2）掌握充电系统线路故障的检测方法和步骤。

二、实训前准备

（1）充电、着车性能良好的发动机实验台架一台或汽车一辆。
（2）常用工具1套，万用表1个，导线、试灯若干。

三、老师讲解示范

（1）拆卸；
（2）检查；
（3）安装。

四、实训管理

（1）学生分组：每组4~5人。先让学生自己分组，选出1名组长并记录名字，然后视情况进行适当调整，如表4-1所示。

表4-1 学生分组

第一组	第二组	第三组	第四组
组长：	组长：	组长：	组长：
成员：	成员：	成员：	成员：

项目四　电源充电系统线路的检测

（2）学生组长：协调成员，规范学生操作并收集遇到的问题，如表4-2所示。

表4-2　学生规范操作（a）

第　　组			
姓名：	姓名：	姓名：	姓名：
是否串岗（　　）	是否串岗（　　）	是否串岗（　　）	是否串岗（　　）
是否完成项目（　　）	是否完成项目（　　）	是否完成项目（　　）	是否完成项目（　　）
评价：优、良、差	评价：优、良、差	评价：优、良、差	评价：优、良、差

（3）老师指导：检查操作现场安全，提醒学生注意安全，规范学生操作，解决并收集遇到的问题，指导班长协助管理，如表4-3所示。

表4-3　学生规范操作（b）

班长：

第一组组长	第二组组长	第三组组长	第四组组长
是否串岗（　　）	是否串岗（　　）	是否串岗（　　）	是否串岗（　　）
是否协调成员（　　）	是否协调成员（　　）	是否协调成员（　　）	是否协调成员（　　）
评价：优、良、差	评价：优、良、差	评价：优、良、差	评价：优、良、差

五、实训操作

1. 电源充电系统线路的检测

1）丰田轿车电源充电系统

以丰田轿车为例讲解电源充电系统线路的检测，电路图如图4-1所示。

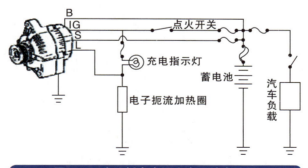

图4-1　丰田轿车电源充电系统电路图

（1）工作原理。发动机运转时，蓄电池为充电系统提供能量，发动机就可以带动充电系统工作，充电系统为汽车电气系统产生所需的电能。当发动机慢速运转，一些电负载开启时，比如：照明和车窗除雾器，仍然需要蓄电池电流；但是当发动机高速运转时，充电系统会提供汽车所需的所有电流，满足汽车上系统所需后，充电系统会把电流输入蓄电池进行充电。

25

（2）丰电发电机的各个端子：

①丰田高速交流发电机有以下几个端子："B""IG""S""L"。

②当点火开关为开时，连接在开关和端子"IG"之间的导线为调节器提供电瓶电流。

③当交流发电机充电时，端子"B"和蓄电池之间的导线有电流流过，同时，MIC调节器通过端子"S"监视蓄电池电压，通过这样，调节器根据需要增大或减少转子磁场能量。

（3）电源充电系统内部电路：

①当点火开关置于ON时，发动机不工作。MIC集成模块探测到来自蓄电池的电压，使三极管VT1、VT3导通，VT2截止，使充电指示灯点亮，发电机得到励磁电流。所以发电机的转子轴上有磁力，用螺丝刀可以检查出皮带轮上带磁，如图4-2所示。

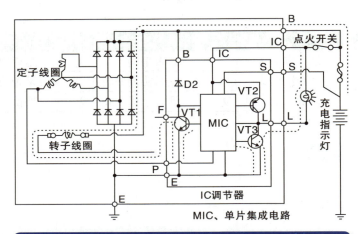

图4-2 电源充电系统内部电路（a）

②当交流发电机初期运行，但输出电压未达到调节电压，MIC集成模块探测到此电压信号时，使三极管VT1、VT2导通，VT3截止，充电指示灯熄灭，但发电机仍得到励磁电流，由他励转变为自励，如图4-3所示。

③当发电机输出电压高于或等于调节电压，MIC集成模块探测S端的信号电压时，使VT1截止，励磁电路断开，使发电量下降。当下降到调节电压时，

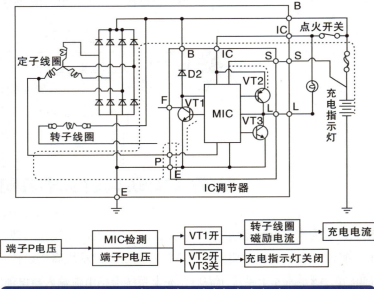

图4-3 电源充电系统内部电路（b）

VT1 又导通，如此反复，如图 4-4 所示。

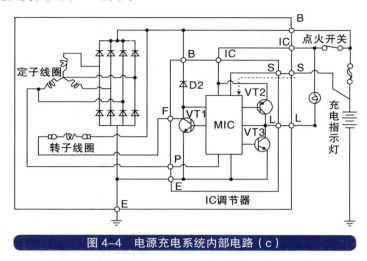

图 4-4　电源充电系统内部电路（c）

④当发电机运转，端子 S 断开，MIC 集成模块探测到端子 S 无功率输出，并且端子 P 的电压大高于 16 V 时，使 VT1、VT2 截止，VT3 导通，充电指示灯点亮，说明充电系统有故障。如 P 端子电压小于 16 V，VT1、VT3 导通，VT2 截止，则发电机得到励磁电流，如图 4-5 所示。

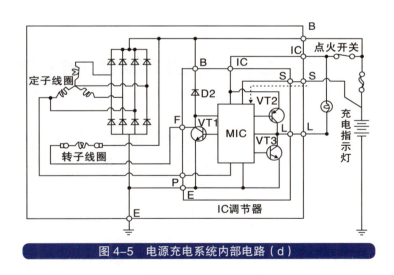

图 4-5　电源充电系统内部电路（d）

（4）电压降测试。

电压降测试可以探测出充电系统中是否有过大的电阻，这类测试可以确定交流发电机输出电路中的电压降，检查两条电路，即绝缘电路和接地电路，如图 4-6 所示。由其中任意一条电路的过大电阻引起的过大电压降会降低充电电流，在超重电子负荷下，蓄电池会放电。

在测试中可以使用 Sun VAT-40 或者一个独立的电压表，以下为电压降测试的标准步骤：

输出电路——绝缘电路：

①连接电压表正极引线和发电机输出 B 端子，电压表负极引线和蓄电池正极端子。

②起动发动机，调节速度到大约为 2 000 r/min。

③读电压表，如果读数大于 0.2 V，则需要找出过大电阻的位置并及时修复。

输出电路——接地电路：

①连接电压表负极引线和发电机外壳，电压表正极引线和蓄电池负极端子。

②起动发动机，指定速度大约为 2 000 r/min。

③读电压表，如果读数大于 0.2 V，则需要找出过大电阻的位置以及修复过大的电阻，过大电阻有可能是由松动或者锈蚀的接头引起的。

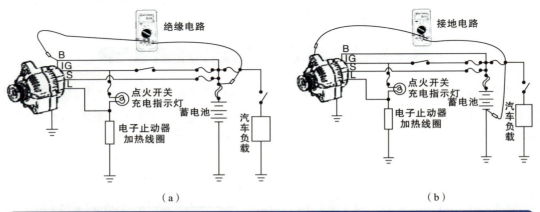

图 4-6 绝缘电路与接地电路的电压降测试

（a）绝缘电路；（b）接地电路

（5）充电电路继电器测试。

丰田汽车中运用了不同的充电系统方案，指示灯电路可能是也有可能不是由继电器来控制的。在使用继电器时，可能是单独的指示灯继电器、点火主开关或者发动机主继电器，根据车型不同而定，可以用欧姆表来检查。

充电指示灯继电器：使用时，充电指示继电器位于汽车的外壳右边，以下为检查步骤，如图 4-7 所示。

（1）检查继电器的导通性：

①连接欧姆表正极引线和端子"4"、负极"3"，会显示导通性（无阻值）。

②把欧姆表的导线极性反接，显示无导通性（无穷大电阻）。

③用欧姆表导线连接端子"1"和"2"，显示无导通性（无穷大电阻）。

④如果继电器的导通性不符合标准，则更换继电器。

（2）检查继电器的运行情况：

①在端子"3"和"4"之间加上蓄电池电压。

②用欧姆表引线连接端子"1"和"2"，会显示导通性（无阻值）。

③如果继电器操作不符合标准，则更换继电器。

项目四 电源充电系统线路的检测

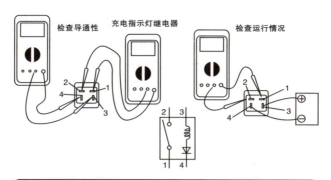

图4-7 充电指示灯继电器的测试

点火主继电器：点火主继电器位于仪表盘下的继电器箱内，以下为检查步骤，如图4-8所示。

（3）检查继电器导通性：

①连接端子"1"和"3"之间的欧姆表引线，会显示导通性（无阻值）。

②连接端子"2"和"4"之间的欧姆表引线，不会显示导通性（无穷大电阻）。

③如果继电器导通性不符合指定的标准，则更换继电器。

（4）检查继电器运行：

①在端子"1"和"3"之间加上蓄电池电压。

②在端子"2"和"A"之间连接欧姆表引线，会显示导通性（无电阻）。

③如果继电器运行不符合指定的标准，则更换继电器。

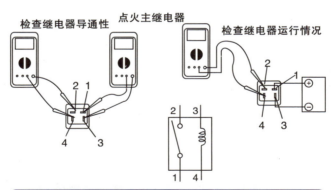

图4-8 点火主继电器的测试

2）发电机驱动带检查

（1）检查驱动带的外观：用肉眼观看应无裂纹或磨损现象，如有，应更换。

（2）检查驱动带的挠度：用100 N的力压在带的两个传动轮之间，新带挠度为5~10 mm，旧带为7~14 mm。

3）发电机是否发电检查

（1）观察充电指示灯的熄灭情况：若充电指示灯一直亮着，则说明发电机或调节器有故障，也可能是充电指示灯线路有故障，应及时维修。

（2）用万用表直流电压挡测量电压：在发电机未转动时测量蓄电池端电压，并记录下来，起动发动机并将转速提高到怠速以上转速，测量蓄电池端电压，若能高于原记录，则说明发电机能发电；若测量电压一直不上升，则说明发电机或调节器有故障，应及时维修。

2. 交流发电机空、负载试验

交流发电机试验接线方法如图 4-9 所示。

（1）空载试验。连上开关 S1，由蓄电池供给发电机励磁电流，当发电机转速为 1 000 r/min 时，对标称电压为 12 V 的发电机电压为 14 V，对标称电压为 24 V 的发电机电压为 28 V。

（2）负载试验。断开开关 S1，发电机不转不自励，合上开关 S2，调节可调电阻 R，在发电机转为 1 000 r/min 时，发电机电压应大于 12 V 或 24 V；在发电机转速为 2 500 r/min 时，电压应达到 14 V 或 28 V，电流应达到或接近该发电机的额定电流。

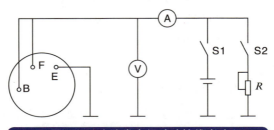

图 4-9 交流发电机试验接线方法

六、练习与思考

（1）根据电路图如何检测励磁线路的好坏？
（2）充电线路出现故障时会有哪些现象发生？

 七、实训报告

（1）成员实训报告，如表4-4所示。

表4-4　成员实训报告

姓名：	班级：	分组：	日期：
实训项目：			
实训内容：			
自己评语：			
老师评语：			

（2）组长实训报告，如表 4-5 所示。

表 4-5 组长实训报告

姓名：	班级：	分组：	日期：
实训项目：			
实训内容：			
第　　　组			
姓名： 是否串岗（　　　） 是否完成项目（　　　） 评价：优、良、差	姓名： 是否串岗（　　　） 是否完成项目（　　　） 评价：优、良、差	姓名： 是否串岗（　　　） 是否完成项目（　　　） 评价：优、良、差	姓名： 是否串岗（　　　） 是否完成项目（　　　） 评价：优、良、差
自己评语：			
老师评语：			

（3）班长实训报告，如表4-6所示。

表4-6　班长实训报告

姓名：	班级：	分组：	日期：
实训项目：			
实训内容：			
第一组	第二组	第三组	第四组
是否串岗（　　）	是否串岗（　　）	是否串岗（　　）	是否串岗（　　）
是否完成项目（　　）	是否完成项目（　　）	是否完成项目（　　）	是否完成项目（　　）
评价：优、良、差	评价：优、良、差	评价：优、良、差	评价：优、良、差
自己评语：			
老师评语：			

项目五 汽车起动系统的检测与起动机的拆装

一、实训目的

（1）掌握起动机的拆装顺序。
（2）了解起动机各零件的名称和作用。
（3）掌握对起动机进行简单测量的方法。
（4）学习拆解、检修及装配起动机作业的基本方法。

二、实训前准备

（1）各类型起动机 10 台；
（2）万用表 10 只；
（3）塞尺 10 把；
（4）游标卡尺 10 把；
（5）百分表架 10 套；
（6）拆装工具 10 套。

三、老师讲解示范

（1）拆卸；
（2）检查；
（3）安装。

四、实训管理

（1）学生分组：每组 4~5 人。先让学生自己分组，选出 1 名组长并记录名字，然后视情况进行适当调整，如表 5-1 所示。

项目五　汽车起动系统的检测与起动机的拆装

表 5-1　学生分组

第一组	第二组	第三组	第四组
组长：	组长：	组长：	组长：
成员：	成员：	成员：	成员：

（2）学生组长：协调成员，规范学生操作并收集遇到的问题，如表 5-2 所示。

表 5-2　学生规范操作（a）

第　　组			
姓名：	姓名：	姓名：	姓名：
是否串岗（　　）	是否串岗（　　）	是否串岗（　　）	是否串岗（　　）
是否完成项目（　　）	是否完成项目（　　）	是否完成项目（　　）	是否完成项目（　　）
评价：优、良、差	评价：优、良、差	评价：优、良、差	评价：优、良、差

（3）老师指导：检查操作现场安全，提醒学生注意安全，规范学生操作，解决并收集遇到的问题，指导班长协助管理，如表 5-3 所示。

表 5-3　学生规范操作（b）

班长：

第一组组长	第二组组长	第三组组长	第四组组长
是否串岗（　　）	是否串岗（　　）	是否串岗（　　）	是否串岗（　　）
是否协调成员（　　）	是否协调成员（　　）	是否协调成员（　　）	是否协调成员（　　）
评价：优、良、差	评价：优、良、差	评价：优、良、差	评价：优、良、差

五、实训操作

以捷达轿车为例，讲解起动机的拆卸。

1. 拆解

（1）拆下起动机磁场绕组电源线紧固螺母。

（2）拆卸磁场绕组后盖的紧固螺栓并将其取下，如图 5-1 所示。

（3）取出起动机碳刷，再取出磁场绕组及电枢，如图 5-2 所示。

（4）拧下电磁开关后盖的紧固螺丝，并取出后盖及电磁开关。

图 5-1　拆卸磁场绕组后盖的紧固螺栓

（5）用冲击螺丝刀将起动机前端盖的紧固螺栓取出。

（6）用橡胶锤敲出前端盖。

（7）用橡胶锤敲出单向离合器总成，如图5-3所示。

（8）用橡胶锤敲出前盖上的离合器、飞轮与钢珠。

图5-2　取出碳刷、磁场绕组及电枢

图5-3　敲出单向离合器总成

2. 安装

（1）将单向离合器与前盖涂上润滑油。

（2）将单向离合器与减速齿轮装上前端盖，并涂上润滑脂，如图5-4所示。

（3）将钢珠装入单向离合器内部（见图5-5），并装上电磁开关绕组壳体，涂上润滑脂。

（4）锁紧前端紧固螺栓。

（5）用细砂纸将电磁开关工作面进行打磨。

图5-4　将离合器与减速器齿轮装上前端盖

图5-5　将钢珠装入离合器内部

（6）将电磁开关导向管涂上润滑油，并装好，其转动应自如，如图5-6所示。

（7）装上后盖，并拧紧紧固螺丝。

（8）装上电枢及磁场绕组，装好碳刷及后端盖，并拧紧紧固螺栓，如图5-7所示。

（9）装上磁场绕组电源线，并拧紧紧固螺母。

图5-6　将导向管涂上润滑油

图5-7　装上电枢及磁场绕组

2. 拆装过程中的注意事项

（1）不得擦破起动机导线的绝缘部分，起动机导线部分与起动机壳体不得短路，起动机内部导线不得断路。

（2）不得撞击起动机转子轴，不得使转子轴变形、弯曲。

（3）前、后端盖是紧密结合的，安装时应用力均匀，连接螺栓时应逐个分步拧紧，确保前、后端盖并行靠拢。

（4）电刷端面与整流子接触良好、压力恰当。

3. 起动系统的检测

1）起动机的静态检测与修复

（1）磁场绕组的检修。磁场绕组的故障有断路、短路和对地短路。

①磁场绕组断路的检查。用万用表测量磁场绕组两端的导通情况（见图5-8），若不通，则说明磁场绕组有断路现象。

图5-8　磁场绕组断路的检查

②磁场绕组短路的检查。当怀疑磁场绕组有短路现象时，可用蓄电池的2 V直流电源检查磁场绕组有无短路，如图5-9所示。开关接通后，将旋具放在每个磁极上，磁极对旋具吸力应相同。若一极吸力太小，则表明磁场绕组有匝间短路；若各磁极均无吸力，则为断路。

③磁场绕组搭铁的检查。用万用表检查磁场绕组与外壳之间的电阻值（见图5-10），若导通，则说明励磁绕组有搭铁故障。

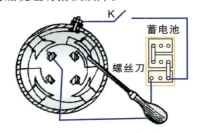

图5-9　磁场绕组有无短路的检查

图5-10　磁场绕组搭铁的检查

（2）电枢绕组的检修。电枢绕组的故障主要是断路、短路和对地短路。

①电枢绕组断路的检查。用电阻挡，将两个表笔分别接触换向器相邻的铜片，如图5-11所示，测试换向器片之间是否导通，如果不导通，则说明焊点或电枢线圈断路，应修理或更换。

②电枢绕组搭铁的检查。用电阻挡检测，将一根表笔接触铁芯（或电枢轴），另一根表笔依次接触换向器铜片，电阻为无穷大，如图5-12所示，如果导通，则说明电枢绕组与电枢轴之间绝缘不良，应更换。

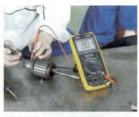

图 5-11 电枢绕组断路的检查

图 5-12 电枢绕组搭铁的检查

（3）电枢轴的检修。电枢轴的常见故障是弯曲变形，检查方法如图 5-13 所示，用百分表测量电枢轴的弯曲程度，径向跳动应不大于 0.15 mm，否则应校正。

（4）换向器的检修。

① 检查换向器表面是否清洁，如有烧蚀、脏污，可用细砂纸打磨修整（见图 5-14），严重烧蚀或失圆（径向圆跳动＞0.05 mm）时应进行机加工。

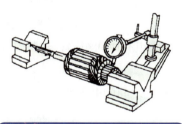

图 5-13 电枢轴的弯曲检查

图 5-14 用细砂纸打磨换向器

② 检查换向器云母深度，最深应为 0.5~0.8 mm，最浅应为 0.2 mm，如不符合标准，则修理或更换换向器，如图 5-15 所示。

③ 用游标卡尺测量换向器外径（见图 5-16），当磨损低于使用极限时，应更换。

图 5-15 检查换向器云母深度

图 5-16 测量换向器外径

（5）电刷与电刷架的检修：

①检查电刷长度。测量电刷长度，如图5-17所示，检查电刷是否磨损。如果低于极限值，则更换电刷。

②检查电刷架与底板之间的绝缘情况。检查时可按图5-18所示，用万用表进行，如果绝缘效果不好，则必须更换。

图5-17 测量电刷的长度

图5-18 检查电刷架与底板之间的绝缘

（6）单向离合器的检修：

①握住外座圈，转动驱动齿轮，应能自由转动；反转时不应转动，否则存在故障，应更换单向离合器，如图5-19（a）所示。

②将单向离合器夹紧在虎钳上，如图5-19（b）所示，用扭力扳手反时针方向转动，单向离合器应能承受规定的转矩而不打滑。

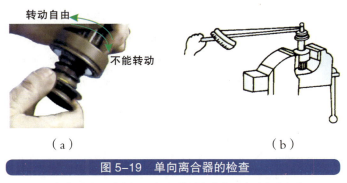

(a) (b)

图5-19 单向离合器的检查

(a) 转动驱动齿轮；(b) 将单向离合器夹紧在虎钳上

（7）电磁开关的检修。可用万用表测量线圈电阻的通断来判断电磁开关内部线圈有无断路。

①吸拉线圈的检测。检查电磁开关50号接线柱与励磁绕组接线柱C之间的导通情况，如图图5-20所示。如果不导通，线圈开路，应更换。

②保持线圈的检测。检查电磁开关50号接线柱与电磁开关壳体之间的导通情况，如图5-21所示。如果不导通，线圈开路，应更换。

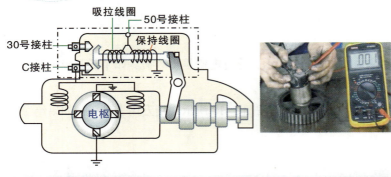

图 5-20　吸拉线圈的检测　　　　　　　　　图 5-21　保持线圈的检测

2）万能试验台检验起动机的工作性能

（1）空载试验：

①起动机的空载试验法。测量起动机的空载电流和空载转速并与标准值比较，以判断起动机内部有无电路和机械故障，其试验方法如下：

将起动机夹在虎钳上，按图 5-22 所示接线，接通起动机电路（每次试验不要超过 1 min，以免起动机过热），起动机应运转均匀，电刷下无火花。记下电流表、电压表的读数，并用转速表测量起动机转速，其值应符合规定。

若电流大于标准值，而转速低于标准值，则表明起动机装配过紧或电枢绕组和励磁绕组内有短路或搭铁故障；若电流和转速都小于标准值，则表明起动机线路中有接触不良的地方（如电刷弹簧压力不足、换向器与电刷接触不良等）。

②万能试验台的测试方法。如图 5-23 所示，将起动机夹在夹具上，接好试验线路，接通起动机电路，起动机应运转均匀，无碰擦声，且电刷无强烈水花产生，此时电压表、电流表、转速表和读数应符合规定，若电流高、转速低，则说明起动机装配过紧或电枢磁场绕组有短路或搭铁故障；若电流和转速都小，则说明电路中接触电阻过大，有接触不良之处。

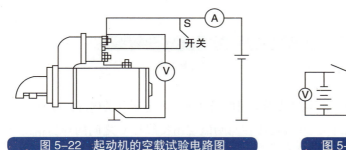

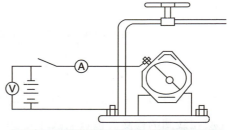

图 5-22　起动机的空载试验电路图　　　　　图 5-23　万能试验台的测试方法

（2）全制动试验：

①全制动试验应在空载试验的基础上进行，空载试验不合格的起动机不应进行全制动试验。

②全制动试验的目的是测量起动机在完全制动时所消耗的电流（制动电流）和制动力矩，以判断起动机主电路是否正常，并检查单向离合器是否打滑，其试验方法如下：

a. 将起动机夹持在试验台上，使杠杆的地端夹住起动机驱动齿轮的三个齿，电路连接与空转试验相同，接通起动机电路，呈现制动状态，观察单向离合器是否打滑并迅速记下电流表、电压表、弹簧秤的读数，其值应符合规定。

b. 若制动力矩小于标准值而电流大于标准值，则表明励磁绕组或电枢绕组中有短路和搭铁故障；若力矩和电流都小于标准值，则表明线路中接触电阻过大；若驱动齿轮锁止而电枢轴有缓慢转动，则说明单向离合器有打滑现象。

c. 全制动试验应注意：每次试验通电时间不要超过 5 s，以免损坏起动机及蓄电池，试验中，工作人员应避开弹簧秤夹具，防止发生人身事故。

③捷达的起动机功率为 0.95 kW，当制动电流小于 480 A 时，输出最大力矩不小于 13 N·m。

④如图 5-24 所示，将起动机夹紧在试验台上，使制动力矩杠杆（扭力杠杆）的一端夹住起动机齿轮，另一端挂在弹簧秤上，接通起动机电路（接通时间不大于 5 s），观察单向滑轮，并迅速记下电流表、电压表和弹簧秤读数。然后与原技术标准相对照，若扭矩小而电流大，则说明电枢和磁场绕组中有搭铁短路故障；若扭矩和电流都小，则说明电路中有接触不良之处；若驱动齿轮不转而电枢有缓慢转动，则说明单向滑轮打滑。

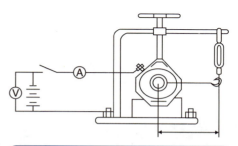

图 5-24 起动机的读数

（3）注意事项：

①用蓄电池测试电磁开关和起动机时，检查时间不宜过长。

②起动机夹在电器万能试验台夹具上时，一定要和驱动轴同轴。

3）电磁开关试验

（1）电磁操纵机构 = 电磁开关。

（2）电磁操纵机构安装在起动机的上部，控制起动机的接通和切断。

（3）电磁开关工作原理如图 5-25 所示。

（4）接通起动机开关后，吸引线圈和保持线圈通电，在吸引线圈和保持线圈电磁力的共同作用下，使活动铁芯克服弹簧力右移，活动铁芯带动拨叉移动，接触盘也被活动铁芯推至与触点接触位置，使起动机通入起动电流，产生电磁转矩，起动发动机。

（5）接触盘拉触点后，吸引线圈被短路，活动铁芯靠保持线圈的电磁力保持其啮合位置。

（6）发动机起动后，断开起动开关，此时流经电磁线圈的电流顺序为：蓄电池正极→电磁开关上的 30 号接柱→吸拉线圈→保持线圈内部搭铁→蓄电池负极（起动机外壳搭铁，参见图 5-20）。

（7）由于吸引线圈产生了保持线圈相反方向的磁通，两线圈电磁力相互抵消，因此活动铁芯在弹簧力的作用下回位，驱动齿轮退出啮合状态。

（8）接触盘同时回位，切断起动机电路，起动机停止工作。

（9）吸拉动作试验。将起动机固定在台虎钳上，拆下起动机端子"C"上的励磁绕组电缆引线端子，用带夹电缆将起动机"C"端子和电磁开关体与蓄电池负极连接，如图5-26所示，用带夹电缆将起动机"50"端子与蓄电池正极连接，此时驱动齿轮应向外移动，如驱动齿轮不动，则说明电磁开关有故障，应予以修理或更换。

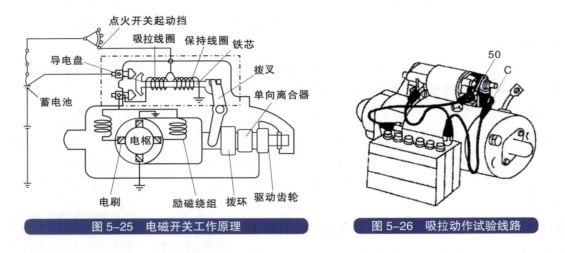

图5-25 电磁开关工作原理　　图5-26 吸拉动作试验线路

（10）保持动作试验。在吸拉动作基础上，当驱动齿轮保持在伸出位置时，拆下电磁开关"C"端子上的电缆夹，如图5-27所示，此时驱动齿轮应保持在伸出位置不动，如驱动齿轮回位，则说明保持线圈断路，应予以修理。

（11）回位动作试验。在保持动作的基础上，拆下起动机壳体上的电缆夹，如图5-28所示，此时驱动齿轮应迅速回位，如驱动齿轮不能回位，则说明回位弹簧失效，应更换弹簧或电磁开关总成。

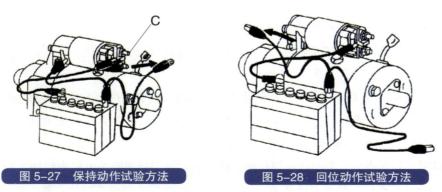

图5-27 保持动作试验方法　　图5-28 回位动作试验方法

4）起动电路电压降的测试：

（1）起动机运转时，电流高达200~600 A，而起动电路中各接点的接触电阻导致总电压降一般不超过0.1~0.2 V。电路中电压降的测试方法是将万用表接入有高电阻的电缆线端头，然后用起动机进行测量，图 5-29 所示为一般起动机电路可能接触不良点电压降发生处。

（2）将起动机安装在汽车上，在接通起动电路（约 300 A）时，测试线路压降，应符合电压值要求，如图 5-30 所示。

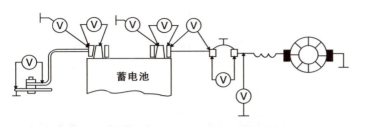

图 5-29　起动机运转时的示图

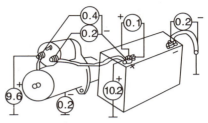

图 5-30　安装起动机测试线路压降

（3）图 5-31 所示为福特汽车起动电路电压降测试接线图。

起动电路电压降测试步骤如下：

①将万用表的正极接线柱与电缆最接近蓄电池的正极端连接。

②将万用表的负极接线柱与所测电缆的另一端连接，如果没有电流流过，则读数为 0，因为在没有电流的情况下，两端的电位相同。

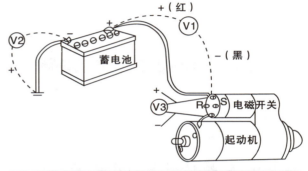

图 5-31　起动电路电压降测试

③转动起动机，万用表的读数应低于 0.2 V。

④评估测试结果，如果电压表的读数为 0，则表示电缆电阻几乎为 0，电缆处于良好状态。如果读数超过 0.2 V，就意味着电缆途中电阻过大，应逐段检查是否有接触不良，或者直接更换电缆。

5）起动系统电路的工作过程

（1）点火开关闭合，电流回路为：蓄电池正极→电流表→点火开关 SW →线圈 L1 →常闭触点 K2 →搭铁→蓄电池负极→常开触点 K1 闭合，接通电磁开关电路，如图 5-32 所示。

（2）起动机电磁开关电路接通：电池正极→B →起动机吸引线圈 3 →搭铁→蓄电池负极→起动机，如图 5-33 所示。

（3）起动后，松开点火开关，线圈 L1 断电→起动机继电器触点 K1 打开→切断了电磁开关电路→电磁开关复位→起动机停，如图 5-34 所示。

（4）如果起动后点火开关没有断开，这时线圈 L2 有中性点 N 的电压，常闭触点 K2 断开，切断线圈 L1 的电路，触点 K1 断开，使电磁开关断电，起动机自动停止，如图 5-35 所示。

（5）若发动机运转时误起动，因为线圈 L2 总有发电机中性点电压，保护继电器触点 K2 处于打开状态，所以线圈 L1 不能形成电流回路，则电磁开关不动作，起动机不工作，如图 5-36 所示。

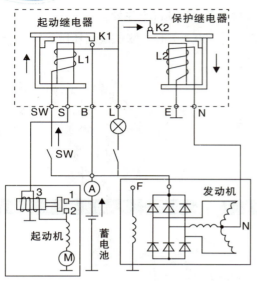

图 5-32 点火开关闭合电路

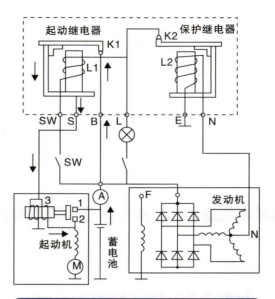

图 5-33 起动机电磁开关电路

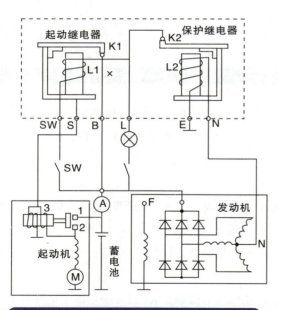

图 5-34 起动继电器开关电路起动

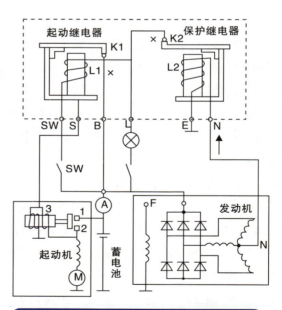

图 5-35 点火开关未断开

项目五　汽车起动系统的检测与起动机的拆装

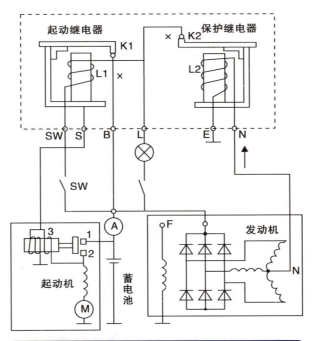

图 5-36　发动机运转时误起动

六、练习与思考

（1）电磁开关一般有哪些故障现象？

（2）如何判断单向离合器的好坏？

（3）如果电刷架与底板之间不绝缘，起动机能否正常工作？

 七、实训报告

（1）成员实训报告，如表 5-4 所示。

表 5-4　成员实训报告

姓名：	班级：	分组：	日期：
实训项目：			
实训内容：			
自己评语：			
老师评语：			

（2）组长实训报告，如表 5-5 所示。

表 5-5　组长实训报告

姓名：	班级：	分组：	日期：
实训项目：			
实训内容：			
第　　　组			
姓名：	姓名：	姓名：	姓名：
是否串岗（　　）	是否串岗（　　）	是否串岗（　　）	是否串岗（　　）
是否完成项目（　　）	是否完成项目（　　）	是否完成项目（　　）	是否完成项目（　　）
评价：优、良、差	评价：优、良、差	评价：优、良、差	评价：优、良、差
自己评语：			
老师评语：			

（3）班长实训报告，如表5-6所示。

表5-6　班长实训报告

姓名：	班级：	分组：	日期：
实训项目：			
实训内容：			
第一组	第二组	第三组	第四组
是否串岗（　　）	是否串岗（　　）	是否串岗（　　）	是否串岗（　　）
是否完成项目（　　）	是否完成项目（　　）	是否完成项目（　　）	是否完成项目（　　）
评价：优、良、差	评价：优、良、差	评价：优、良、差	评价：优、良、差
自己评语：			
老师评语：			

项目六　点火系统的检查

一、实训目的

（1）了解电子点火系统的组成和工作原理。
（2）掌握电子点火系统主要元件的检测方法。
（3）掌握电子点火系统故障诊断的基本方法。

二、实训前准备

电子点火电路示教台及相应部件、万用表和维修工具等。

三、老师讲解示范

（1）拆卸；
（2）检查；
（3）安装。

四、实训管理

（1）学生分组：每组 4~5 人。先让学生自己分组，选出 1 名组长并记录名字，然后视情况进行适当调整，如表 6-1 所示。

表 6-1　学生分组

第一组	第二组	第三组	第四组
组长：	组长：	组长：	组长：
成员：	成员：	成员：	成员：

（2）学生组长：协调成员，规范学生操作并收集遇到的问题，如表6-2所示。

表6-2 学生规范操作（a）

第___组			
姓名：	姓名：	姓名：	姓名：
是否串岗（　　）	是否串岗（　　）	是否串岗（　　）	是否串岗（　　）
是否完成项目（　　）	是否完成项目（　　）	是否完成项目（　　）	是否完成项目（　　）
评价：优、良、差	评价：优、良、差	评价：优、良、差	评价：优、良、差

（3）老师指导：检查操作现场安全，提醒学生注意安全，规范学生操作，解决并收集遇到的问题，指导班长协助管理，如表6-3所示。

表6-3 学生规范操作（b）

班长：

第一组组长	第二组组长	第三组组长	第四组组长
是否串岗（　　）	是否串岗（　　）	是否串岗（　　）	是否串岗（　　）
是否协调成员（　　）	是否协调成员（　　）	是否协调成员（　　）	是否协调成员（　　）
评价：优、良、差	评价：优、良、差	评价：优、良、差	评价：优、良、差

1. 结构组成

电子点火系统主要由蓄电池、点火开关、点火线圈、点火控制器、分电器、高压线和火花塞等组成，如图6-1所示。

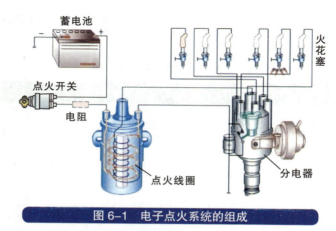

图6-1 电子点火系统的组成

2. 工作原理

点火系统的作用是适当时为汽油发动机气缸内已压缩的可燃混合气提供足够能量的电火花，

使发动机能及时、迅速地燃烧做功。点火系统性能的好坏对发动机的工作有十分重要的影响，故点火系统应在发动机各种工况和使用条件下，均能保证可靠而准确的点火，这就要求点火系统在发动机各种工况和使用条件下均能够迅速、及时地产生足以击穿火花塞电极间隙的高电压，产生的火花应具有足够的能量，且点火时刻应与发动机各种工况相适应。

3. 检测步骤

1) 点火线圈的检查

点火线圈的检验（见图6-2）主要包括外部检验，初次级绕组断路、短路、搭铁检验以及发火强度检验。

图6-2 点火线圈的检验

（a）初级绕组的检查；（b）次级绕组的检查；（c）附加电阻的检查；（d）绝缘情况的检查

（1）外部检验。检查点火线圈的外表，当绝缘盖破裂或外壳碰裂时，因容易受潮而失去点火能力，应予以更换。

（2）初次级绕组断路、短路、搭铁检验。用万用表测量点火线圈的初级绕组以及附加电阻值，应符合技术标准，否则说明有故障，应予以更换。

①测量电阻法。检查初级绕组电阻，选万用表200 Ω挡，两表笔分别接点火线圈"开关"柱与"−"柱，$R=1~2$ Ω，电阻过小为短路，$R=\infty$为断路；选万用表$R\times 10$ kΩ挡，两表笔分别接点火线圈"+"柱与体壳，$R=\infty$为绝缘良好，否则有搭铁。

检查次级绕组电阻，选万用表200 Ω挡，两表笔分别接点火线圈"−"柱与高压线插孔，$R=5~10$ kΩ，电阻过小为短路，$R=\infty$为断路。

检查附加电阻的电阻，选万用表200 Ω挡，接点火线圈"+"柱与"开关"柱，电阻应为1.3~1.5 Ω，电阻过小为短路，$R=\infty$为断路。

②试灯检验法。用220 V交流电试灯，接在初级绕组的接线柱上，灯亮表示无断路故障，否则断路。当检查绕组是否有搭铁故障时，可将试灯的一端与初级绕组相连，一端接外壳，如灯亮，则表示有搭铁故障，否则为良好，短路故障用试灯不易查出。

对于次级绕组，因为它的一端接于高压插孔，另一端与初级绕组相连，所以检验中，当试灯的一个触针接高压插孔，另一触针接低压接柱时，若试灯发出亮光，则说明有短路故障；若试灯暗红，则说明无短路故障；若试灯根本不发红，则应注意观察。当将触针从接柱上移开时，看有无火花产生，如没有火花，则说明绕组已断路，因为次级绕组和初级绕组是相通的；若次级绕组

有搭铁故障，则在检查初级绕组时就已反映出来，无须检查。

（3）发火强度检验。在万能电器试验台上检验火花强度及连续性。检查点火线圈产生的高压电时，可与分电器配合在试验台上进行试验，如果三针放电器的火花强，并能击穿 5.5 mm 以上的间隙，则说明点火线圈发火强度良好，检验时将电极间隙调整到 7 mm，先以低速运转，待点火线圈的温度升高到工作温度（60℃~70℃）时，再将分电器的转速调至规定值（一般 4、6 缸发动机用点火线圈的转速为 1 900 r/min，8 缸发动机的为 2 500 r/min），在 0.5 min 内，若能连续发出蓝色火花，则表示点火线圈良好。

用对双跳火的方法检验，此方法在试验台上或车上均可进行，将被检验的点火线圈与好的点火线圈分别接上进行对比，看其火花强度是否一样，点火线圈经过检验，如内部有短路、断路、搭铁等故障，或发火强度不符合要求，一般应更换新件。

2）分电器总成检查

（1）轴向间隙。用塞尺测量联轴器或转动齿轮与分电器壳体接触面的间隙，一般应为 0.15~0.2 mm。

（2）分电器盖。选万用表 200 kΩ 挡，两表笔分别接中央插孔与旁电极孔，$R>50$ kΩ，否则说明分电器盖有裂纹或积污，应清洁或更换。

（3）分火头。与分电器盖检查方法相同。

（4）电容器。用交流试灯检查，灯亮表示电容器短路，应更换。灯不亮或暗红，移去触针后，将引线与外壳相碰，有强烈火花，则电容良好，否则应更换。

（5）离心点火提前装置。将分电器轴固定，用手捏住凸轮或分火头，沿旋转方向转至极限位置后松开，凸轮应能自动回到原位。

（6）真空点火提前装置。真空点火提前调节器的密封性良好，可用专用仪器或用嘴吸吮检查，膜片应能移动，否则应更换。

（7）霍尔发生器的检修，如图 6-3 所示。

注意该项检查应在点火线圈、点火器及导线正常时进行。

①电压法检测。

a. 为避免损坏电子元件，在连接仪器接线之前，须先将仪器置于测量电压的功能下。

b. 将高压线插头从分电器上拔下并搭铁（此时可用辅助线）。

c. 拔掉控制器插头的橡皮套管（不拔下插头）。

d. 将电压表接于触点之间。

e. 打开点火开关。

f. 用手按发动机旋转方向缓慢地转动分电器轴，此时电压应在 0~9 V 波动，当分电器触发叶轮的叶片在空气隙时，电压为 2~9 V；当叶片不在气隙时，电压为 0.3~0.4 V。若电压不在 0~9 V 变化，则说明霍尔器有故障，应予以更换。

②模拟信号发生器动作检查。关闭点火开关，打开分电器盖，转动曲轴，使分电器叶片不在气隙中，拔出分电器盖上的中央高压线时，使其端部离气缸体 5~7 mm，然后接通点火开关，用薄

铁片在空气隙中轻轻地插入和拔出,模拟触发叶轮的叶片在空气隙时的动作,如此时高压线端头跳火,则说明霍尔信号发生器、点火器、点火线圈及连接导线性能良好;若不跳火,其他部件正常,则说明信号发生器有故障,应更换。

3)火花塞与高压线的检查

从外部观察时,火花塞应无积炭和损坏,用尺测得其间隙应为 0.7~0.8 mm。进行试火检查时,火花为蓝白色,声音清脆,否则应更换火花塞。

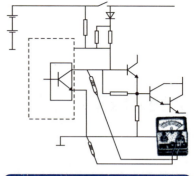

图 6-3 霍尔发生器的检修

用万用表测量点火线圈至分电器高压线的电阻,应为 0~2.8 kΩ,分电器到火花塞之间的高压线电阻应为 0.6~7.4 kΩ,否则要更换高压线。

4)电子点火控制器的检修

(1)当点火线圈的电阻符合要求,而点火线圈上没有高压信号时,应检查电子点火控制装置。

(2)点火器电源电路检测。将插头从控制器上拔掉,将电压表接在插头上的触点 2 与 4 之间,打开点火开关,测定的电压应与蓄电池电压相接近,否则说明有断路故障。

(3)点火器工作性能的检测。关闭点火开关,重新把插头插在控制器上,拔掉霍尔发生器插关,将电压表接在电火线圈接线柱 1(-)和 15(+)上。

打开点火开关,此时电压为 2~6 V,并在一两秒钟后必须下降到 0,否则应更换控制器。

快速将分电器插座的中间导线拔出并搭铁,电压值必须在瞬间达到 2 V,否则说明有断路故障,应予排除,必要时更换控制器。

(4)点火器向霍尔发生器输出电压的检测。关闭点火开关,将电压表接到霍尔发生器插头的"+"与"-"柱上,打开点火开关,此时电压应为 5~11 V,若小于 5 V,应检查点火器"5"与"3"柱;若电压在 11 V 以上,则表明霍尔发生器插头与控制器之间有断路,应予排除;如果电压低于 5 V 或由于干扰造成电压大于 11 V 的假象,则应更换控制器。

(5)利用信号发生器检测点火器。在实际操作中,也可采用霍尔发生器的检测方法检测点火器。

关闭点火开关,拔出分电器盖上的中央高压线,使其端部距缸体 5~7 mm,拔下信号发生器插头,用一导线接在插头的"0"柱上,若一端悬空,则说明点火器完好;若不跳火,点火线圈及连接导线正常,则说明点火器有故障。

5)点火时间的检查

将正时灯的导线夹在高压线上,再打开电磁电机的观察孔,用正时灯对准观察孔,起动机如果正常,则可以看到电磁电机上的刻线,否则不正常。

6)点火时间的调整

(1)摇转曲轴至一缸点火时刻。

(2)旋松分电器压板固定螺母,拆下分电器盖。

先顺时针转动分电器盖至白金触点闭合,再反时针转动分电器盖至白金触点刚好打开,旋紧分电器压板固定螺母,装上分电器盖,分电器盖上与分火头对准的孔插一缸高压线。按顺时针方向,

根据做功顺序依次插上其他各缸的高压线，如表 6-4 所示。

表 6-4 点火时间的调整数据记录

项目	结果
初级绕组电阻 /Ω	
次级绕组电阻 /kΩ	
附加绕组电阻 /Ω	
中央高压线电阻 /kΩ	
分缸高压线电阻 /Ω	
分电器轴向间隙 /mm	
火花塞间隙 /mm	

 六、练习与思考

（1）发动机对点火系统有哪些要求？

（2）什么是最佳点火提前角？影响最佳点火提前角的因素有哪些？

（3）什么是电子点火系统？与传统点火系统比有何不同？

七、实训报告

(1) 成员实训报告,如表6-5所示。

表6-5 成员实训报告

姓名:	班级:	分组:	日期:
实训项目:			
实训内容:			
自己评语:			
老师评语:			

（2）组长实训报告，如表6-6所示。

表6-6　组长实训报告

姓名：	班级：	分组：	日期：
实训项目：			
实训内容：			
第　　组			
姓名： 是否串岗（　　） 是否完成项目（　　） 评价：优、良、差	姓名： 是否串岗（　　） 是否完成项目（　　） 评价：优、良、差	姓名： 是否串岗（　　） 是否完成项目（　　） 评价：优、良、差	姓名： 是否串岗（　　） 是否完成项目（　　） 评价：优、良、差
自己评语：			
老师评语：			

（3）班长实训报告，如表6-7所示。

表6-7　班长实训报告

姓名：	班级：	分组：	日期：
实训项目：			
实训内容：			

第一组	第二组	第三组	第四组
是否串岗（　　）	是否串岗（　　）	是否串岗（　　）	是否串岗（　　）
是否完成项目（　　）	是否完成项目（　　）	是否完成项目（　　）	是否完成项目（　　）
评价：优、良、差	评价：优、良、差	评价：优、良、差	评价：优、良、差
自己评语：			
老师评语：			

项目七 仪表照明系统

一、实训目的

（1）了解汽车照明系统的组成及工作原理；
（2）掌握汽车照明系统故障的诊断与维修；
（3）掌握分析照明电路的方法；
（4）了解汽车仪表指示报警灯的工作原理。

二、实训前准备

实训台、各种照明信号灯、万用表和照明系统继电器。

三、老师讲解示范

（1）拆卸；
（2）检查；
（3）安装。

四、实训管理

（1）学生分组：每组 4~5 人。先让学生自己分组，选出 1 名组长并记录名字，然后视情况进行适当调整，如表 7-1 所示。

表 7-1 学生分组

第一组	第二组	第三组	第四组
组长：	组长：	组长：	组长：
成员：	成员：	成员：	成员：

（2）学生组长：协调成员，规范学生操作并收集遇到的问题，如表7-2所示。

表7-2 学生规范操作（a）

第 组			
姓名：	姓名：	姓名：	姓名：
是否串岗（ ）	是否串岗（ ）	是否串岗（ ）	是否串岗（ ）
是否完成项目（ ）	是否完成项目（ ）	是否完成项目（ ）	是否完成项目（ ）
评价：优、良、差	评价：优、良、差	评价：优、良、差	评价：优、良、差

（3）老师指导：检查操作现场安全，提醒学生注意安全，规范学生操作，解决并收集遇到的问题，指导班长协助管理，如表7-3所示。

表7-3 学生规范操作（b）

班长：

第一组组长	第二组组长	第三组组长	第四组组长
是否串岗（ ）	是否串岗（ ）	是否串岗（ ）	是否串岗（ ）
是否协调成员（ ）	是否协调成员（ ）	是否协调成员（ ）	是否协调成员（ ）
评价：优、良、差	评价：优、良、差	评价：优、良、差	评价：优、良、差

五、实训操作

1. 照明系统电路的特点

1）照明系统的组成

照明系统主要由蓄电池、熔断丝、灯控开关、灯光继电器、变光器、灯及其线路组成。汽车的照明灯一般由前照灯、雾灯、小灯、后灯、内部照明灯等组成。不同的车型所配置的照明设备不完全相同，其控制线路也各不相同。

（1）照明灯由灯光开关控制，灯光开关在OFF挡关。

1（Park）挡为小灯亮（示宽灯、尾灯、牌照灯和仪表灯）；2（Head）挡接通前照灯电路及小灯电路。灯光开关的结构原理如图7-1所示。

（2）灯光继电器控制前照灯照明，2（Head）挡接控制线圈。

（3）灯光开关和变光开关一般不搭铁，而采用灯丝搭铁，且前照灯都是并联的，如图7-2所示。

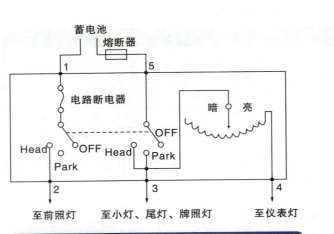

图 7-1 灯光开关的结构原理

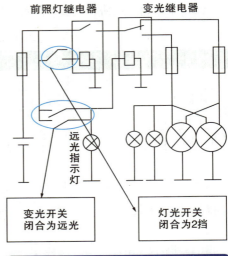

图 7-2 灯光继电器

2)前照灯电路组成

照明灯电路由灯光开关、变光开关、灯光继电器、远光指示灯和前照灯组成,如图 7-3 所示。

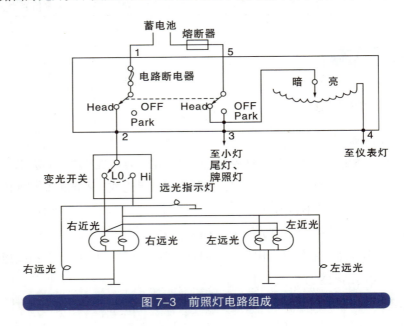

图 7-3 前照灯电路组成

3)照明设备灯

(1)前照灯。前照灯俗称大灯,装在汽车头部的两侧,用于汽车在夜间或光线昏暗的路面上行驶的照明,有两灯制和四灯制之分。

(2)雾灯。雾灯在有雾、下雪、暴雨或尘埃弥漫等情况下,用来改装道路的照明情况。雾灯安装在汽车的车头和车尾,位置比前照灯稍低,一般距离地面 50 cm 左右。装于车头的雾灯称为前雾灯，装于车尾的雾灯称为后雾灯。雾灯射出的光线倾斜度大，光色为黄色，光波较长，透雾性能好。

（3）牌照灯。牌照灯用来照亮汽车牌照，光色为白色。牌照灯安装在汽车牌照上面，采用5~10 W的灯泡进行照明。当尾灯亮时，牌照灯也亮。

（4）仪表灯。仪表灯安装在仪表板上，用于夜间照明仪表，使驾驶员容易看清仪表的指示，一般采用2 W的灯泡进行照明。有些车辆还加装了灯光控制变阻器，使驾驶员能根据自己的需要调整仪表灯的亮度。

（5）顶灯。顶灯装在车厢或驾驶室内上部，用于内部照明。

（6）工作灯。其他辅助用灯为了便于夜间检修，高处有工作灯，经插座与电源相接。

4）照明电路识读

灯光开关4置于1挡，1、2、3及5等所有小灯亮，同时接通灯光继电器6的磁化线圈，触点闭合，近光灯9亮。此时操作变光开关，远光灯及远光指示灯8亮；按下超车按钮，远光灯指示灯亮，如图7-4所示。

（1）捷达大灯电路，如图7-5所示。

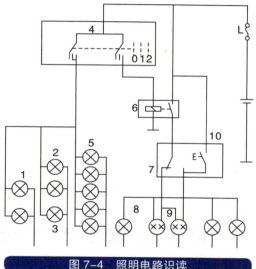

图7-4 照明电路识读

1，2，3，5，8，9—灯；4，7—开关；6—继电器

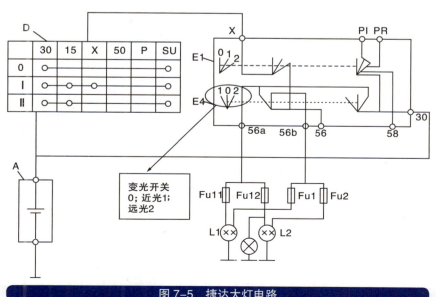

图7-5 捷达大灯电路

（2）丰田威驰大灯电路，如图7-6所示。

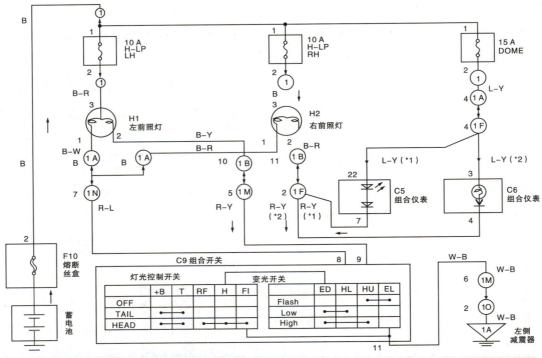

图7-6　丰田威驰大灯电路

（3）本田雅阁照明电路（大灯、小灯），如图7-7所示。

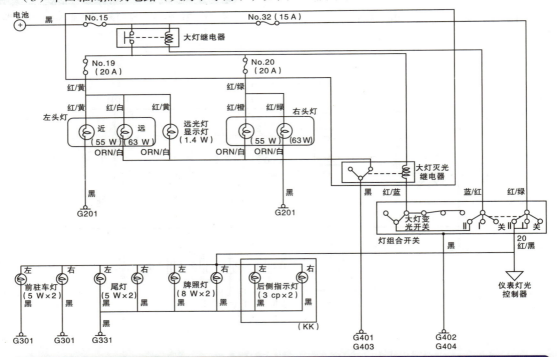

图7-7　本田雅阁照明电路

（4）小灯电路分析：丰田轿车小灯、尾灯、牌照灯、指示灯电路如图 7-8 所示。当灯光控制开关位于"Tail"或"Head"挡时，蓄电池电压经熔断丝和组合开关后，分别供电给小灯、尾灯、牌照灯、指示灯电路，点亮小灯、尾灯、牌照灯和指示灯。

蓄电池正极→100 A ALT 熔断丝→7.5 A AIL 熔断丝→组合开关 13 脚→组合开关 10 脚分八路供电：

第一路供电给左前小灯→EB 或 EA 搭铁→蓄电池负极。

第二路供电给右前小灯→EA 或 EB 搭铁→蓄电池负极。

第三路供电给左后组合灯中的尾灯→EA 搭铁→蓄电池负极。

第四路供电给右后组合灯中的尾灯→EA 搭铁→蓄电池负极。

第五路供电给右牌照灯→EA 搭铁→蓄电池负极。

第六路供电给左牌照灯→EA 搭铁→蓄电池负极。

第七路供电给带显示器的收音机和播放器→EA 搭铁→蓄电池负极。

第八路供电给 A/T 换挡杆指示灯→EA 搭铁→蓄电池负极。

（5）雾灯电路与分析，如图 7-8 所示。

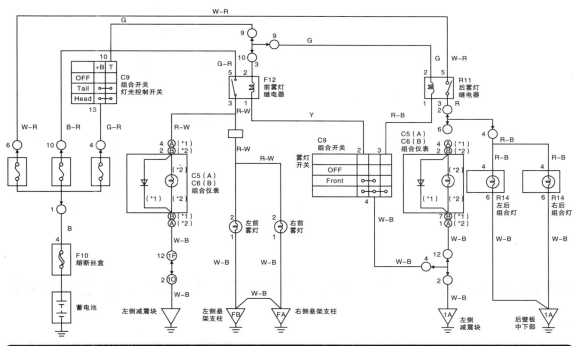

图 7-8　丰田威驰小灯电路

前雾灯控制电路：当组合开关中的灯光控制开关位于"Tall"或"Head"挡，雾灯开关位于"Front"位置时，前雾灯继电器线圈得电，电路回路为：蓄电池正极→100 A ALT 熔断丝→7.5 A TAIL 熔断丝→组合开关 13 脚→组合开关 10 脚→前雾灯继电器线圈→组合开关 2 脚→组合开关 4 脚→EA 搭铁→蓄电池负极。此时前雾灯继电器触点闭合，接通前雾灯主电路。

前雾灯主电路：蓄电池正极→100 A ALT 熔断丝→7.5 A FOC 熔断丝→雾灯继电器 5 脚→雾灯继电器 3 脚，分三路，即第一路经右前雾灯→FA 或 FB 搭铁→蓄电池负极，第二路经左前雾灯→FA 或 FB 搭铁→蓄电池负极，第三路经组合仪表内的前雾灯指示灯→EA 搭铁→蓄电池负极，此时左、右前雾灯及仪表内的前雾灯指示灯点亮。

后雾灯主电路：当组合开关中的灯光控制开关位于"Tail"或"Head"挡，雾灯开关位于"Front Rear"位置时，组合开关的 13 脚与 10 脚导通、3 脚与 4 脚导通，后雾灯继电器圈得电。后雾灯电路与前雾灯电路比较相似。

（6）威驰车内灯电路识读。

如图 7-9 所示，车灯内、行李厢灯、阅读灯、门灯指示灯的亮灭直接受灯开关的控制。因不同威驰轿车的配备不同，所以其电路图也略有不同。下面以 GLX Grade、GLX Grade、带天窗的车型为例（即电路中标注有 *1、*3、*5）进行电路分析。

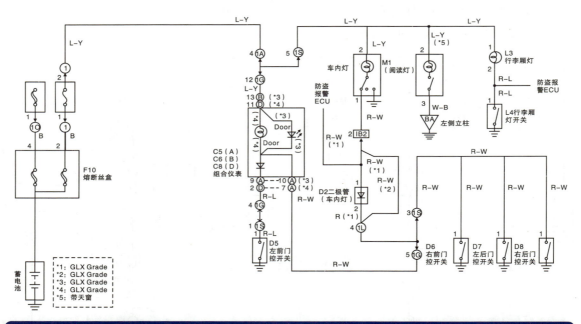

图 7-9 威驰车内灯电路识读

行李厢灯：当打开行李厢时，行李厢灯开关闭合，蓄电池电压供电给行李厢灯，行李厢灯亮起，电路回路为：蓄电池正极→60 A MAIN 熔断丝→15 A DOME 熔断丝→行李厢灯→行李厢灯开关→搭铁→蓄电池负极。

阅读灯：阅读灯也直接受阅读灯开关的控制，当按下阅读灯开关时，电路回路：蓄电池正极→60 A MAIN 熔断丝→15A DOME 熔断丝→阅读灯→阅读灯开关→搭铁→蓄电池负极，阅读灯点亮。

车内灯及仪表内开门指示灯：车内灯及仪表内开门指示灯受车门开关的控制，当开左前车门、右前车门、左后车门、右后车门中任一车门时，车内灯和仪表内开门指示灯点亮。

2. 汽车前照灯灯光的调整

1）准备工作

（1）选择地点。找一块没有车辆、地面平整又有垂直墙面的场地，地下停车场是最好的选择。

（2）调灯光的工具：一块厚实的毛巾、十字螺丝刀、长一点的米尺、白色或彩色胶条。

2）调整步骤

（1）将车头正对墙面，把车头中心线的位置在墙上标记出来。

（2）直线倒车，在车头距墙面 10 m 处停住。

（3）测量车灯外罩的几何中心点到地面的高度（数值 A），如图 7-10 所示。

（4）分别测量远光灯和近光灯中心到车头中心线的距离（数值 B、数值 C）。注：远近光一体式前灯，只要测量一个数值即可，如图 7-11 所示。

图 7-10　测量车灯外罩的几何中心点到地面的高

图 7-11　测量远光灯和近光灯到车头中心线的距离

（5）首先在墙面上标记出水平线，一条对应数值 A，另一条在 A 值下面 10 cm 处，然后参照车头中心线的位置把数值 B 和数值 C 也标记出来，这样，墙上就会形成 4 个十字，下面两个对应近光灯，上面两个对应远光灯，如图 7-12 所示。

（6）根据车型的不同，要首先找到远、近光上下和左右的调节位置，如图 7-13 所示。

（7）调节的时候用毛巾把另一侧的大灯遮盖起来，

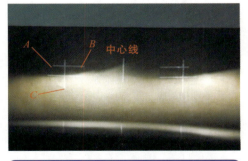

图 7-12　在墙面上标记水平线

这样可以更有效地判断光束的位置。

（8）打开近光灯，通过调节，使近光灯明暗分割线转折点的位置与墙面下方的近光灯十字标志对齐，如图7-14所示。

图7-13 找到远、近光上下和左右的调节位置

图7-14 近光灯与十字标志对齐

（9）打开远光灯，远光的最近点与墙面上方的远光灯十字标志对齐后，大灯的调节工作就结束了，如图7-15所示。

3）提示

（1）调灯光的时候车内不要放太多物品，最好保持正常载荷。

（2）为了避免画花墙面，最好用胶带进行标记。

图7-15 大灯调节结束

（3）如果车内配备了大灯水平调节功能，则把按钮拨到1的位置，这样还可以预留一级的调节位置。

（4）大部分的灯光调节钮都是工程塑料制品，所以调节动作最好轻柔一些。

 六、练习与思考

（1）如何调整前照灯灯光？

（2）远、近光灯是如何交替工作的？

七、实训报告

（1）成员实训报告，如表7-4所示。

表7-4　成员实训报告

姓名：	班级：	分组：	日期：
实训项目：			
实训内容：			
自己评语：			
老师评语：			

（2）组长实训报告，如表7-5所示。

表7-5 组长实训报告

姓名：	班级：	分组：	日期：
实训项目：			
实训内容：			
第　　　组			
姓名：	姓名：	姓名：	姓名：
是否串岗（　　）	是否串岗（　　）	是否串岗（　　）	是否串岗（　　）
是否完成项目（　　）	是否完成项目（　　）	是否完成项目（　　）	是否完成项目（　　）
评价：优、良、差	评价：优、良、差	评价：优、良、差	评价：优、良、差
自己评语：			
老师评语：			

（3）班长实训报告，如表7-6所示。

表7-6　班长实训报告

姓名：		班级：		分组：		日期：	
实训项目：							
实训内容：							
第一组		第二组		第三组		第四组	
是否串岗（　　）		是否串岗（　　）		是否串岗（　　）		是否串岗（　　）	
是否完成项目（　　）		是否完成项目（　　）		是否完成项目（　　）		是否完成项目（　　）	
评价：优、良、差		评价：优、良、差		评价：优、良、差		评价：优、良、差	
自己评语：							
老师评语：							

项目八 汽车空调系统的检查

一、实训目的

（1）加深理解汽车空调系统的结构和工作原理。
（2）掌握汽车空调制冷剂的检漏和加注方法。
（3）掌握汽车空调的维护和保养方法。
（4）掌握汽车空调压缩机的正确使用方法。

二、实训前准备

汽车空调系统实训设备包括温度计、割刀、打管器、弯管工具、真空泵、检漏仪、歧管压力表、氟罐开启阀、冷媒回收加注机和汽车空调试验台等。

三、老师讲解示范

（1）拆卸；
（2）检查；
（3）安装。

四、实训管理

（1）学生分组：每组4~5人。先让学生自己分组，选出1名组长并记录名字，然后视情况进行适当调整，如表8-1所示。

表8-1 学生分组

第一组	第二组	第三组	第四组
组长：	组长：	组长：	组长：
成员：	成员：	成员：	成员：

（2）学生组长：协调成员，规范学生操作并收集遇到的问题，如表 8-2 所示。

表 8-2　学生规范操作（a）

第　　组			
姓名：	姓名：	姓名：	姓名：
是否串岗（　　）	是否串岗（　　）	是否串岗（　　）	是否串岗（　　）
是否完成项目（　　）	是否完成项目（　　）	是否完成项目（　　）	是否完成项目（　　）
评价：优、良、差	评价：优、良、差	评价：优、良、差	评价：优、良、差

（3）老师指导：检查操作现场安全，提醒学生注意安全，规范学生操作，解决并收集遇到的问题，指导班长协助管理，如表 8-3 所示。

表 8-3　学生规范操作（b）

班长：

第一组组长	第二组组长	第三组组长	第四组组长
是否串岗（　　）	是否串岗（　　）	是否串岗（　　）	是否串岗（　　）
是否协调成员（　　）	是否协调成员（　　）	是否协调成员（　　）	是否协调成员（　　）
评价：优、良、差	评价：优、良、差	评价：优、良、差	评价：优、良、差

五、实训操作

1. 气密封性的检查

气密封性检查：检查汽车空调系统的密封性，防止制冷剂泄漏。它是一个独立的检修项目，一般在充注制冷剂之前检查，也可以在充注制冷剂之后进行。气密封性检查一般有压力检漏、氟利昂检漏、真空检漏和仪器检漏等方法。压力检漏一般采用充入氮气的方法检查。氟利昂检漏实际也是一种压力检漏的方法，具体步骤如下：

（1）连接好歧管压力表和制冷剂罐，并排出管中空气，然后将歧管压力表接入空调系统，即把歧管压力表的高压表接在排气管道上，把低压表接在吸气管道上。

（2）将制冷剂罐倒立，打开高压侧阀，向空调系统中充入制冷剂。当压力达到 0.15 MPa 时，停止充入制冷剂。

（3）把肥皂水涂在空调系统的连接头处和焊缝上，如有排气声或出现气泡，则说明该处是泄漏部位，应及时处理。

（4）空调系统压力应保持 12 h 以上，不得下降，否则为不合格。气密封性检查时，应重点检查以下部位：刚拆检或维修过的制冷部件连接部位；空调压缩机上的轴封处、前后盖密封垫、维修阀和安全阀；冷凝器、蒸发器盘管上被异物碰撞或风扇碰撞、划伤部位；各软管与附近部件的摩擦部位；膨胀阀；易熔塞以及管道各连接处的螺纹接头。

2. 制冷剂加注

1）制冷剂加注程序

（1）回收制冷剂。汽车空调检修时，首先需要对制冷剂进行回收，一般使用冷媒回收加注机进行回收，方法如下：

①打开加注机电源开关，"kg"指示灯点亮。

②当加注机高低压阀处于关闭状态时，低压管（黄颜色管）一端接在加注机的低压接头，另一端接在台架上的低压接头；高压管（红颜色管）一端接在加注机的高压接头上，另一端接在台架上的储液干燥器上，此时观察低压压力表，压力低于 150 kPa 时不必回收。

③收氟时打开高低压阀门，然后按"回收"按钮，并利用"循环"和"+"按钮设置回收值。

④按"起/停"按钮，进行收氟程序。

（2）抽真空。抽真空是为了排除制冷系统内的空气和湿气，其是空调系统检修中的重要工序，因为对空调系统进行检修或更换零部件时，必然有空气和水分进入系统。

空气会导致空调制冷系统产生高温高压，这不仅会影响制冷性能，而且会使制冷系统冷冻机油氧化，形成胶凝物质。

水分随制冷剂运行，在通过膨胀阀的节流孔时，由于温度低于 0，因此水分在节流孔周围结冰而造成制冷系统堵塞，影响制冷系统的正常工作。空调系统检修时，一定要将空气和水分尽量全部抽出，可以采用真空泵和加注机两种方式完成。

方法一：利用歧管压力表和真空泵抽真空。

①连接好歧管压力表和真空泵。将高压表连接在排气管道上，低压表连接在吸气管道上，软管连接在真空泵上。

②起动真空泵，打开歧管压力表的高、低压侧手动阀，对制冷系统抽真空。

③真空泵至少抽 5 min，低压表读数应低于 0，如果高于 0，则表明系统堵塞或有泄漏，应检修。

④关闭高、低压侧手动阀，并观察低压表。如果低压表指针回升，则表明制冷系统存在漏气，应进行检漏，然后继续抽真空；如果指针在 10 min 或更长时间内没有回升，则说明制冷系统没有渗漏现象，应继续抽真空。这种通过观察低压表指针是否回升而判断制冷系统是否泄漏的方法就是通常所说的真空试漏。

⑤再次起动真空泵，打开高、低压侧手阀，继续抽真空至少 30 min，然后关闭高、低压阀，为进行充注制冷剂做准备。

方法二：利用回收加注机抽真空。

⑥打开加注机电源开关，再打开高、低压阀门。

⑦按"抽真空"按钮，此时主机控制面板上显示默认的抽真空的时间，用"循环"和"+"按钮设置抽真空的时间（一般不少于 5 min）。

⑧按"起/停"按钮运行该程序。

⑨抽完真空后，主机会自动退出主菜单。

第一次抽真空后同样需要观察低压表指针的变化状况，如果不存在渗漏现象，则需要再次抽真空。

（3）加注冷冻机油。汽车空调系统需要一定数量的冷冻机油来保证压缩机正常工作。一般情况下，汽车空调系统所需冷冻机油量很少，在不更换零部件的情况下，补充10~15 mL冷冻机油即可，如表8-4所示。补充冷冻机油可以采用以下两种方法：

表8-4 更换零部件时补充的冷冻机油量
（仅适用于小型车）

更换部件名称	补充量/mL
冷凝器	40~50
蒸发器	40~50
储液干燥器	10~20
制冷剂循环管道	10~20

方法一：在抽真空之前，拧开压缩机上的注油孔，直接向注油孔注入规定数量的冷冻机油，然后拧紧螺塞。

方法二：在抽真空之后，利用回收加注机加注机油。打开加注机高压开关，关闭低压开关，先记录加注机冷冻油液面刻度，再打开油瓶开关，观察油瓶中冷冻油液下降值，当达到需要量时，迅速关闭油瓶开关。

注意

由于是利用真空加注的方法，机油很快会被吸入压缩机中，因此要迅速关闭油瓶开关，不然会加注过量冷冻油，影响制冷效果。补充冷冻油后，还应继续对制冷系统抽真空。

（4）加注制冷剂。制冷剂的充注方法分为高压端充注法和低压端充注法。前者充注速度快，适用于第一次充注和抽真空后的充注；后者安全性好，但充注速度慢，适用于小量补充的充注。

采用歧管压力表加注制冷剂之前，一定要先排出歧管压力表软管中的空气，方法如下：

①连接歧管压力表和制冷剂罐；

②打开制冷剂罐阀手柄并正立；

③首先将歧管压力表的中间软管接头螺母稍松一点，接着分别拧松高、低压管接头螺母，有"咝咝"的制冷剂泄漏声，驱除软管内的空气。然后先拧紧高、低压软管接头螺母，再拧紧中间软管接头螺母，排尽软管中空气，采用高压端充注法加注制冷剂，如图8-1所示。

制冷剂高压端充注方法如图8-1所示。

将歧管压力表和制冷剂罐连接到空调系统。

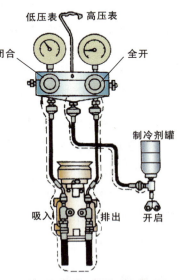

图8-1 制冷剂高压端充注方法

先打开制冷剂罐手柄，再打开压力表高压阀开关，低压阀开关处于关闭状态，将制冷剂罐倒立，使液态制冷剂流入管路（可听到液体流动声），直至制冷系统内达到规定数量。此时观察高、低压力表的压力，高压表不应超过 1.49~1.5 MPa，低压表不应超过 0.15~0.2 MPa。

先关闭压力表高压阀开关，后关闭制冷剂罐手柄，拆下歧管压力表和制冷剂罐，完成制冷剂的充注工作。

制冷剂低压端充注方法如图 8-2 所示。

将歧管压力表和制冷剂罐连接到空调系统。

先打开制冷剂手柄，再打开压力表低压阀开关，高压阀开关处于关闭状态，将制冷剂罐正立，开始充入气态制冷剂。

起动发动机，转速控制在 1 000~1 500 r/min；起动空调系统，温控开关置于最冷位置（COLD）、风扇开关置于高速位置，使制冷剂加注至规定数量（此时示液镜中刚好没有气泡）。在充注过程中，低压表的压力不得大于 0.55 MPa。

先关闭压力表低压阀开关，后关闭制冷剂阀手柄。

熄灭发动机，拆下歧管压力表和制冷剂罐，完成制冷剂的充注工作。

充注时罐内压力逐渐降低，加注时间会延长。为加快充注速度，可将制冷剂罐置于盛有温水的容器内，使罐内蒸气压力保持稍高于制冷系统内蒸气压力。

图 8-2　制冷剂低压端充注方法

3. 加注制冷剂注意事项

（1）采用高压端充注法（液态充注法）加注制冷剂。制冷剂罐必须倒立，严禁开启空调机（压缩机应停转），以免发生事故。严禁打开压力表组的低压阀手柄（Lo），以免发生"液击"事故，造成压缩机件损坏。

（2）采用低压端充注法（气态充注法）加注制冷剂。制冷剂罐必须直立，防止容器中液态制冷剂进入压缩机而引起"液击"事故，造成压缩机的机件损坏。严禁打开压力表组的高压阀手柄（HI），否则会使高压制冷剂倒流到制冷罐内，造成罐内压力增大，有发生制冷剂罐破裂的危险。

（3）无论是高压端充注法或低压端充注法，以下三个方面应趋于一致：一是制冷系统高、低压端压力接近标准值；二是储液干燥视液窗口无气泡出现；三是所充注的制冷剂质量接近于规定量。

制冷系统高、低压端压力应接近标准值，压缩机低压侧压力值应在 $(1.05~3.10) \times 10^5$ Pa 范围内。低压值的高低是由车厢内空气温度决定的，车厢内温度高，其值就偏高；车厢内温度低，其值就偏低。以上低压值是车厢内温度为 24℃~30℃ 时的大致范围。

4. 补充制冷剂

汽车空调系统经过一段时间的运行后，由于振动等原因使某些部位的连接松动，从而使制冷剂泄漏，制冷效果变差。查漏及排除泄漏后需要通过低压侧的维修阀向制冷系统补充制冷剂。其操作方法如下：

（1）起动发动机，使空调系统运转 10~15 min。

（2）通过视液镜观察制冷剂的流动情况。如果气泡连续而稳定地出现，则表明该系统内缺少制冷剂；如果气泡是间断出现的，并伴有气泡，则表明该系统缺少制冷剂。

（3）连接好歧管压力表和制冷剂罐，排除歧管压力表软管中的空气，再把歧管压力表和制冷剂罐连接到空调系统中。

观察高、低压表的指示值，制冷系统高、低压端压力应接近标准值，压缩机低压侧压力值应在 $(1.05~3.10) \times 10^5$ Pa 范围。若低压值太低，则说明制冷系统中有堵塞现象，也有可能是制冷剂不足所致；若低压值太大，则有可能是制冷系统中存在空气，或者是制冷剂太多，也有可能是压缩机的效率降低，压缩机的高压侧压力受周围空气温度影响较大。若高压侧压力太低，同时在视液镜中可看见气泡，则说明制冷系统中制冷剂不足。高压侧压力太高的原因如下：

①制冷系统中有空气；

②充注的制冷剂太多；

③冷凝器上有泥污或散热不够；

④独立式空调中，冷凝器传动带松动，引起冷凝风量不足等。

5. 压缩机的拆装步骤

（1）拧下压缩机离合器压盘的锁紧螺母，如图 8-3 所示。

（2）取下离合器压盘，如图 8-4 所示。

图 8-3　拧下锁紧螺母

图 8-4　取下离合器压盘

（3）用卡环钳将皮带轮卡环卡出，如图 8-5 所示。

（4）拧下过热保护器固定板的紧固螺栓，然后取出过热保护器，如图 8-6 所示。

（5）拧出电磁线圈的搭铁线固定螺丝，如图 8-7 所示。

（6）用拉码将皮带轮拉出，如图 8-8 所示。

（7）用卡环钳将电磁线圈卡环夹出，然后取出电磁线圈，如图 8-9 所示。

图8-5 将皮带轮卡环卡出

图8-6 取出过热保护器

图8-7 拧出搭铁线固定螺丝

图8-8 将皮带轮拉出

图8-9 取出电磁线圈

（8）拧下压缩机后壳体与固定圈固定的4个紧固螺栓，如图8-10所示。

（9）拧下前壳体与后壳体连接紧固螺栓，将前壳体与后壳体分离，如图8-11所示。

图8-10 挤压压缩机后壳体

图8-11 将前壳体与后壳体分离

（10）从后壳体内取出固定圈，如图8-12所示。

（11）从前壳体内取出活动圈，并取下钢球，如图8-13所示。

图8-12 取出固定圈

图8-13 取出活动圈及钢球

（12）用螺丝刀取下前壳体上两片垫片，如图8-14所示。

（13）取下O形密封圈，如图8-15所示。

图8-14 从壳体上取下垫片

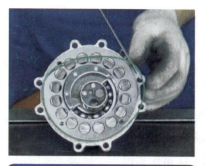

图8-15 取下O形密封圈

（14）用螺丝刀取出固定环，如图8-16所示。

（15）用卡环钳取出平衡块，如图8-17所示。

图8-16 取出固定环

图8-17 取出平衡块

（16）取出耐磨板，如图8-18所示。

（17）从前壳体中取出曲轴与轴承，如图8-19所示。

（18）拆下曲轴平衡块上的2个紧固螺钉，然后从曲轴上取出曲轴平衡块与轴承，如图8-20所示。

图8-18 取出耐磨板

图8-19 取出曲轴与轴承

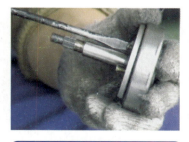

图8-20 取出平衡块与轴承

> **注意**
>
> 压缩机的安装顺序与拆卸相反。

 六、练习与思考

（1）检测空调气密性的方法有哪些？
（2）如何正确加注空调制冷剂？
（3）在拆解压缩机时应注意哪些事项？

 七、实训报告

（1）成员实训报告，如表8-5所示。

表8-5　成员实训报告

姓名：	班级：	分组：	日期：
实训项目：			
实训内容：			
自己评语：			
老师评语：			

（2）组长实训报告，如表 8-6 所示。

表 8-6　组长实训报告

姓名：		班级：		分组：		日期：	
实训项目：							
实训内容：							
第　　　组							
姓名：		姓名：		姓名：		姓名：	
是否串岗（　　）		是否串岗（　　）		是否串岗（　　）		是否串岗（　　）	
是否完成项目（　　）		是否完成项目（　　）		是否完成项目（　　）		是否完成项目（　　）	
评价：优、良、差		评价：优、良、差		评价：优、良、差		评价：优、良、差	
自己评语：							
老师评语：							

（3）班长实训报告，如表8-7所示。

表8-7　班长实训报告

姓名：	班级：	分组：	日期：
实训项目：			
实训内容：			
第一组	第二组	第三组	第四组
是否串岗（　　）	是否串岗（　　）	是否串岗（　　）	是否串岗（　　）
是否完成项目（　　）	是否完成项目（　　）	是否完成项目（　　）	是否完成项目（　　）
评价：优、良、差	评价：优、良、差	评价：优、良、差	评价：优、良、差
自己评语：			
老师评语：			

项目九　雨刮洗涤系统的调整

一、实训目的

（1）进一步熟悉汽车电动车窗装置的结构及工作原理，掌握典型汽车电动车窗装置电路检测的维修工艺以及工具、量具和仪器的使用方法。

（2）掌握刮水器的线路连接。

二、实训前准备

（1）组合开关；

（2）刮水电动机；

（3）喷水电动机；

（4）蓄电池、电线和常用工具。

三、老师讲解示范

（1）拆卸；

（2）检查；

（3）安装。

四、实训管理

（1）学生分组：每组4~5人。先让学生自己分组，选出1名组长并记录名字，然后视情况进行适当调整，如表9-1所示。

表9-1　学生分组

第一组	第二组	第三组	第四组
组长：	组长：	组长：	组长：
成员：	成员：	成员：	成员：

（2）学生组长：协调成员，规范学生操作并收集遇到的问题，如表9-2所示。

表9-2 学生规范操作（a）

第___组			
姓名：	姓名：	姓名：	姓名：
是否串岗（ ）	是否串岗（ ）	是否串岗（ ）	是否串岗（ ）
是否完成项目（ ）	是否完成项目（ ）	是否完成项目（ ）	是否完成项目（ ）
评价：优、良、差	评价：优、良、差	评价：优、良、差	评价：优、良、差

（3）老师指导：检查操作现场安全，提醒学生注意安全，规范学生操作，解决并收集遇到的问题，指导班长协助管理，如表9-3所示。

表9-3 学生规范操作（b）

班长：

第一组组长	第二组组长	第三组组长	第四组组长
是否串岗（ ）	是否串岗（ ）	是否串岗（ ）	是否串岗（ ）
是否协调成员（ ）	是否协调成员（ ）	是否协调成员（ ）	是否协调成员（ ）
评价：优、良、差	评价：优、良、差	评价：优、良、差	评价：优、良、差

五、实训操作

1. 刮水电动机的检测

（1）如图9-1所示，雨刮电动机有5根线，1号为接外壳的搭铁线；2号为电动机内部的低速线；3号为电动机内部的高速线；4号和5号分别是进入蜗轮盘内部的两根线。

（2）把蓄电池负极接电动机外壳，正极接电动机内部的两根线（低速线和高速线）。把正极接到其中的一根线，观察电动机是否运转及运转速度，以判别两根线中的高速和低速线，并打开标签。

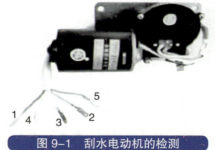

图9-1 刮水电动机的检测

2. 蜗轮导电盘的检测

（1）用万用表电阻挡检测电动机4号线与5号线是否导通，如不导通，把蓄电池正极接2号线，负极接1号线，使其旋转到4号线与5号线，然后断开正极，使电动机停止转动。

（2）把2号线与4号线相接，5号线接蓄电池正极，1号线接蓄电池负极。

（3）接通电源后观察电动机是否会自动停止。

（4）重复几次，观察电动机每次是否都是在同样的地方停下。

3. 检测刮水操作开关

如图9-2所示，当拨杆在 OFF 挡时，5与6接通；在 LO 挡时，4与5接通；在 HI 挡时，3与4接通；在喷水时，1与2接通。

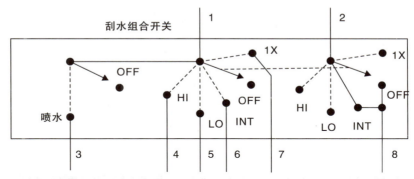

图9-2 有间歇挡刮水器操作杆内部图

4. 线路连接

按照雨刮控制电路，把无间歇挡的刮水电路连接起来，在此电路中，注意从别的挡位回到间隙挡时，要利用导电盘的缺口使电动机在固定的地方停下，如图9-3所示。

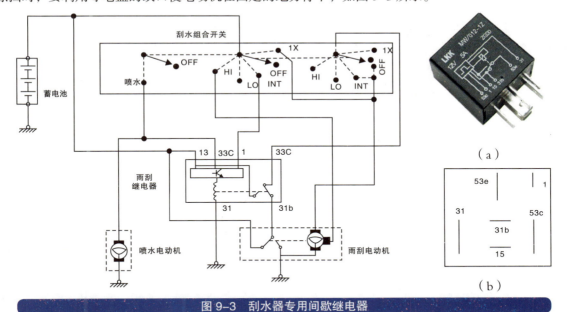

图9-3 刮水器专用间歇继电器
（a）实物图；（b）继电器内部图

六、练习与思考

（1）简述雨刮电动机间歇挡的工作原理。

（2）雨刮电动机由哪几部分组成？

 七、实训报告

（1）成员实训报告，如表9-4所示。

表9-4 成员实训报告

姓名：	班级：	分组：	日期：
实训项目：			
实训内容：			
自己评语：			
老师评语：			

（2）组长实训报告，如表 9-5 所示。

表 9-5　组长实训报告

姓名：	班级：	分组：	日期：
实训项目：			
实训内容：			
第　　　组			
姓名： 是否串岗（　　） 是否完成项目（　　） 评价：优、良、差	姓名： 是否串岗（　　） 是否完成项目（　　） 评价：优、良、差	姓名： 是否串岗（　　） 是否完成项目（　　） 评价：优、良、差	姓名： 是否串岗（　　） 是否完成项目（　　） 评价：优、良、差
自己评语：			
老师评语：			

（3）班长实训报告，如表9-6所示。

表9-6　班长实训报告

姓名：	班级：	分组：	日期：
实训项目：			
实训内容：			
第一组	第二组	第三组	第四组
是否串岗（　　）	是否串岗（　　）	是否串岗（　　）	是否串岗（　　）
是否完成项目（　　）	是否完成项目（　　）	是否完成项目（　　）	是否完成项目（　　）
评价：优、良、差	评价：优、良、差	评价：优、良、差	评价：优、良、差
自己评语：			
老师评语：			

项目十　电动车窗的检查

一、实训目的

（1）掌握电动车窗的基本组成。
（2）掌握电动车窗电路图的识读方法。
（3）掌握车窗升降器的拆装方法。

二、实训前准备

（1）轿车一辆；
（2）数字万用表若干；
（3）拆卸工具一套。

三、老师讲解示范

（1）拆卸；
（2）检查；
（3）安装。

四、实训管理

（1）学生分组：每组 4~5 人。先让学生自己分组，选出 1 名组长并记录名字，然后视情况进行适当调整，如表 10-1 所示。

表 10-1　学生分组

第一组	第二组	第三组	第四组
组长：	组长：	组长：	组长：
成员：	成员：	成员：	成员：

（2）学生组长：协调成员，规范学生操作并收集遇到的问题，如表10-2所示。

表10-2 学生规范操作（a）

第___组			
姓名：	姓名：	姓名：	姓名：
是否串岗（ ）	是否串岗（ ）	是否串岗（ ）	是否串岗（ ）
是否完成项目（ ）	是否完成项目（ ）	是否完成项目（ ）	是否完成项目（ ）
评价：优、良、差	评价：优、良、差	评价：优、良、差	评价：优、良、差

（3）老师指导：检查操作现场安全，提醒学生注意安全，规范学生操作，解决并收集遇到的问题，指导班长协助管理，如表10-3所示。

表10-3 学生规范操作（b）

班长：

第一组组长	第二组组长	第三组组长	第四组组长
是否串岗（ ）	是否串岗（ ）	是否串岗（ ）	是否串岗（ ）
是否协调成员（ ）	是否协调成员（ ）	是否协调成员（ ）	是否协调成员（ ）
评价：优、良、差	评价：优、良、差	评价：优、良、差	评价：优、良、差

五、实训操作

1. 电动车窗的组成及工作原理

1）电动车窗的组成

电动车窗又称电动门窗。驾驶员或乘客在座位上操纵控制开关，利用电动机驱动玻璃升降器实现车窗玻璃的升降。电动车窗主要由玻璃升降器、直流电动机和控制开关（主控开关、分控开关）等组成。

（1）玻璃升降器。常用的玻璃升降器有齿扇式和钢丝滚筒式两种，如图10-1所示。

齿扇式玻璃升降器是通过齿扇来实现换向作用的。齿扇上安有螺旋弹簧，当车窗上升时，螺旋弹簧伸展，释放弹性能量，以减轻电动机负荷；当车窗下降时，螺旋弹簧收缩，吸收能量。故车窗无论是上升还是下降，电动机的负荷基本相同。

钢丝滚筒式玻璃升降器：在直流电动机前端安装减速机构，其上安装一个绕有钢丝的滚筒，玻璃卡座固定在钢丝上且可在滑动支架上移动。

（2）直流电动机。电动车窗上采用的电动机有永磁式电动机和双绕组串励式电动机两种。

采用永磁式电动机时，电动机不直接搭铁，电动机的搭铁受开关控制，即通过改变电动机的

项目十　电动车窗的检查

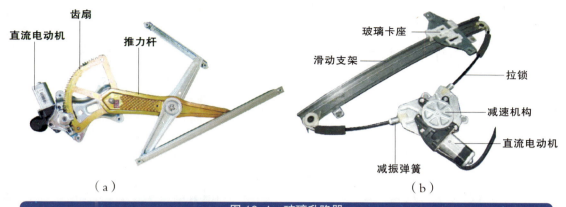

(a)　　　　　　　　　　　　　　　(b)

图 10-1　玻璃升降器

(a) 齿扇式玻璃升降器；(b) 钢丝滚筒式玻璃升降器

电流方向来改变电动机的转向，从而实现车窗的升降，控制电路如图 10-2 所示。

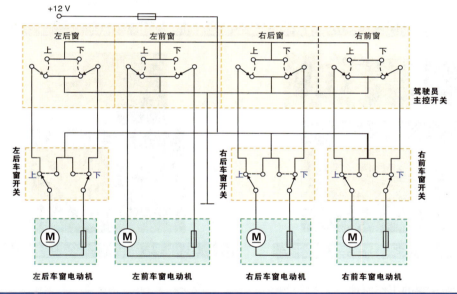

图 10-2　永磁式电动机的电动车窗控制电路

采用双绕组串励式电动机时，其一端直接搭铁，另一端有两绕组，通过接通不同的磁场绕组，使电动机的转向不同，以实现车窗的升降，其控制电路如图 10-3 所示。

(3) 控制开关。所有车窗系统都有两套控制开关：一套是主控开关，安装在驾驶员侧车门扶手或仪表板上 (见图 10-4)，由驾驶员控制玻璃升降；另一套为分控开关，安装在乘客侧车窗中部 (见图 10-5)，可由乘客操纵。主控开关上还安装有控制分开关的安全开关，如果断开它，分开关就不起作用。

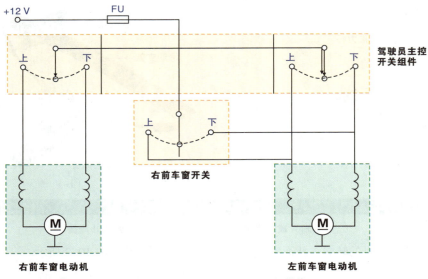

图 10-3 双绕组串励式电动机的电动车窗控制电路

图 10-4 卡罗拉轿车车窗主控开关

图 10-5 卡罗拉轿车右前乘客侧车窗分控开关

2）电动车窗的工作原理

图 10-6 所示为本田飞度轿车电动车窗控制系统电路图，它采用永磁式直流电动机驱动车窗玻璃的升降。

当点火开关处于 IG1 位置时，电动车窗继电器线圈得电，吸合常开开关，接通蓄电池电源至各车窗控制电动机的线路。位于驾驶员侧的主控开关控制驾驶员侧车窗的动作，同时也能控制各车窗的动作。其他车窗控制开关只能控制相应的车窗动作。同时，驾驶员侧车窗具有自动升降功能。

（1）驾驶员侧车窗的控制。驾驶员侧车窗由主控开关内的电动车窗控制装置控制。电动车窗控制装置接收驾驶员侧车窗的开关信号，控制电动机运转。飞度自动车窗带有防夹功能，当选择自动升降模式时，检测电路随时检测电动机控制电流的变化，并反馈给电动车窗控制装置，以控制电动机的正转或反转。

项目十 电动车窗的检查

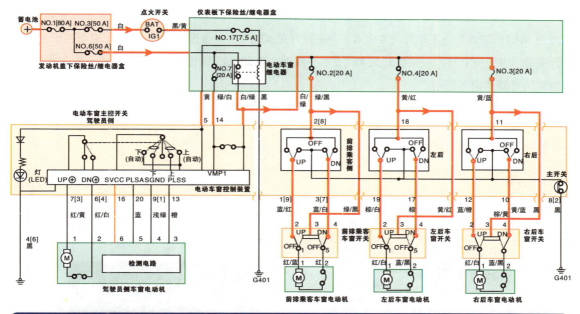

图 10-6 本田飞度轿车电动车窗控制系统电路图

（2）乘客侧车窗的控制。乘客侧车窗控制的前提条件是主开关闭合，接通至搭铁的通路。以前排乘客车窗控制为例，前排乘客车窗的控制方式可分为前排乘客开关控制和主控开关控制。

前排乘客开关控制：

UP：当前排乘客车窗开关选择"UP"时，开关端子3-1、5-4接通。蓄电池电源→发动机盖下熔断丝NO.1［80 A］及NO.6［50 A］→电动车窗继电器→NO.2［20 A］→前排乘客车窗开关#3→前排乘客车窗开关#1→车窗电动机#1→车窗电动机#2→前排乘客车窗开关#5→前排乘客车窗开关#4→主开关→主控开关#8［2］→接地。电动机控制回路接通，电动机正转工作，带动车窗玻璃升降器向上运动。

DN：当前排乘客车窗开关选择"DN"时，前排乘客开关端子3-5、1-2接通。蓄电池电源→发动机盖下熔断丝NO.1［80 A］及NO.6［50 A］→电动车窗继电器→NO.2［20 A］→前排乘客车窗开关#3→前排乘客车窗开关#5→车窗电动机#2→车窗电动机#1→前排乘客车窗开关#1→前排乘客车窗开关#2→主开关→主控开关#8［2］→接地。电动机控制电流反向，电动机反转工作，带动车窗玻璃升降器向下运动。

主控开关控制：

UP：当主控开关内控制前乘客侧的开关选择"UP"位置时，主控开关端子2［8］-1［9］、3［7］-8［2］接通。蓄电池电源→发动机盖下熔断丝NO.1［80 A］及NO.6［50 A］→电动车窗继电器→NO.2［20 A］→主控开关#2［8］→主控开关#1［9］→车窗电动机#1→车窗电动机#2→主控开关#3［7］→主开关→主控开关#8［2］→接地。电动机控制回路接通，电动机正转工作，带动车窗玻璃升降器向上运动。

DN：当主控开关内控制前乘客侧的开关选择"DN"位置时，主控开关端子2［8］-3［7］、

1［9］-8［2］接通。蓄电池电源→发动机盖下熔断丝 NO.1［80 A］及 NO.6［50 A］→电动车窗继电器→ NO.2［20 A］→主控开关 #2［8］→主控开关 #3［7］→车窗电动机 #2→车窗电动机 #1→主控开关 #1［9］→主开关→主控开关 #8［2］→接地。电动机控制电流反向，电动机反转工作，带动车窗玻璃升降器向下运动。

左后车窗及右后车窗的控制电路分析可参考前排乘客侧车窗电路分析。

2. 车窗升降器总成的拆装

1）拆解

以比亚迪 F3 轿车为例。

（1）拧下车窗玻璃开关的紧固螺钉，如图 10-7 所示。

（2）取出车窗玻璃开关总成，并断开其线束插头，如图 10-8 所示。

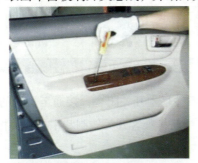

图 10-7　拧下车窗玻璃开关紧固螺钉

图 10-8　取出车窗玻璃开关总成

（3）拧下车门内拉手的固定螺钉，如图 10-9 所示。

（4）取下车门护板总成。

（5）拆下车门内拉手，如图 10-10 所示。

图 10-9　拧下车门内拉手的固定螺钉

图 10-10　拆下车门内拉手

（6）拆下车门护板支撑架，取下车门护垫。

（7）将玻璃升降开关与线束重新连接好，然后将门窗玻璃升到相应位置。

（8）拧下车窗玻璃升降器与车门的紧固螺钉，如图 10-11 所示，取出车窗玻璃。

（9）断开车窗玻璃升降器线束插头，如图 10-12 所示。

（10）取出车窗玻璃升降器，如图 10-13 所示。

项目十　电动车窗的检查

图 10-11　拧下车窗玻璃升降器与车门的紧固螺钉

图 10-12　断开车窗玻璃升降器线束插头

图 10-13　取出车窗玻璃升降器

2）安装

按拆卸相反的顺序进行安装。

> **注意**
>
> 安装、调整完后，应确保车窗玻璃能平稳、顺利地上升或下降。

六、练习与思考

（1）记录拆装过程。

（2）记录电动车窗的故障现象。

 七、实训报告

（1）成员实训报告，如表10-4所示。

表10-4　成员实训报告

姓名：	班级：	分组：	日期：
实训项目：			
实训内容：			
自己评语：			
老师评语：			

（2）组长实训报告，如表10-5所示。

表 10-5　组长实训报告

姓名：	班级：	分组：	日期：
实训项目：			
实训内容：			
第　　　组			
姓名： 是否串岗（　　） 是否完成项目（　　） 评价：优、良、差	姓名： 是否串岗（　　） 是否完成项目（　　） 评价：优、良、差	姓名： 是否串岗（　　） 是否完成项目（　　） 评价：优、良、差	姓名： 是否串岗（　　） 是否完成项目（　　） 评价：优、良、差
自己评语：			
老师评语：			

(3)班长实训报告,如表10-6所示。

表10-6 班长实训报告

姓名:	班级:	分组:	日期:
实训项目:			
实训内容:			
第一组	第二组	第三组	第四组
是否串岗(　　)	是否串岗(　　)	是否串岗(　　)	是否串岗(　　)
是否完成项目(　　)	是否完成项目(　　)	是否完成项目(　　)	是否完成项目(　　)
评价:优、良、差	评价:优、良、差	评价:优、良、差	评价:优、良、差
自己评语:			
老师评语:			

项目十一　中控门锁的检查

一、实训目的

（1）掌握中控门锁的检修方法。
（2）掌握中控门锁的结构原理。

二、实训前准备

（1）轿车 1 辆；
（2）数字万用表若干；
（3）拆卸工具 1 套。

三、老师讲解示范

（1）拆卸；
（2）检查；
（3）安装。

四、实训管理

（1）学生分组：每组 4~5 人。先让学生自己分组，选出 1 名组长并记录名字，然后视情况进行适当调整，如表 10-1 所示。

表 10-1　学生分组

第一组	第二组	第三组	第四组
组长：	组长：	组长：	组长：
成员：	成员：	成员：	成员：

（2）学生组长：协调成员，规范学生操作并收集遇到的问题，如表10-2所示。

表10-2 学生规范操作（a）

第___组			
姓名：	姓名：	姓名：	姓名：
是否串岗（　）	是否串岗（　）	是否串岗（　）	是否串岗（　）
是否完成项目（　）	是否完成项目（　）	是否完成项目（　）	是否完成项目（　）
评价：优、良、差	评价：优、良、差	评价：优、良、差	评价：优、良、差

（3）老师指导：检查操作现场安全，提醒学生注意安全，规范学生操作，解决并收集遇到的问题，指导班长协助管理，如表10-3所示。

表10-3 学生规范操作（b）

班长：

第一组组长	第二组组长	第三组组长	第四组组长
是否串岗（　）	是否串岗（　）	是否串岗（　）	是否串岗（　）
是否协调成员（　）	是否协调成员（　）	是否协调成员（　）	是否协调成员（　）
评价：优、良、差	评价：优、良、差	评价：优、良、差	评价：优、良、差

五、实训操作

1. 汽车中控门锁的结构

汽车电控门锁系统主要由控制开关、门锁控制器和门锁执行机构等组成。

1）控制开关

控制开关主要有门锁控制开关、钥匙控制开关、行李厢门开启器开关和门锁开关等。

（1）门锁控制开关。门锁控制开关安装在左门和右门的扶手上，如图11-1所示。将开关推向前是锁门，推向后是开门。

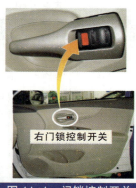

图11-1　门锁控制开关

（2）钥匙控制开关。钥匙控制开关安装在每个前门的钥匙门上，如图11-2所示。当从外面用钥匙开门和关门时，钥匙控制开关便发出开门或锁门的信号给门锁ECU。

（3）行李厢门开启器开关。行李厢门开启器开关用来开启行李厢，拉动此开关便能打开行李厢门，图11-3所示为卡罗拉轿车行李厢开启器开关。

（4）门锁开关。门锁开关用于检测车门的开闭情况，当车门关闭时，门锁开关断开；当车门开启时，门锁开关接通。

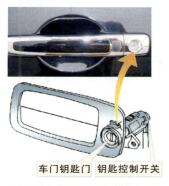

图11-2 钥匙控制开关

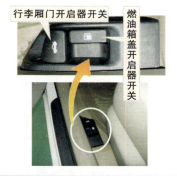

图11-3 卡罗拉行李厢门开启器开关

2）门锁控制器

门锁控制器为门锁执行机构提供开锁和闭锁脉冲电流，有晶体管式门锁控制器、电容式门锁控制器和车速感应式门锁控制器三种。

（1）晶体管式。该门锁控制器内部设有闭锁和开锁两个继电器，由晶体管开关电路控制，利用电容器的充、放电过程，控制一定的脉冲电流持续时间，使门锁执行机构完成闭锁和开锁动作，如图11-4所示。

（2）电容式。该系统利用充足电的电容器，在工作时继电器串联接入电容器的放电回路，使其触点短时间闭合。当正向或反向转动车门钥匙时，相应的电路开关（闭锁或开锁）接通，电容器放电电流通过继电器线圈（开锁或闭锁继电器）搭铁，线圈产生电磁吸力，触点闭合，接通执行机构电磁线圈的电路，完成闭锁或开锁的动作，当电容器放电完毕后，继电器触点打开，中央门锁系统停止工作。此时，另一只电容器被充电，为下一次操纵做好准备。如图11-5所示。

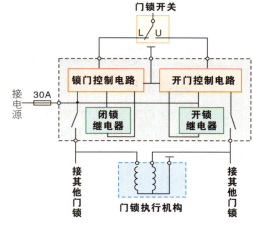

图11-4 晶体管式中央门锁系统

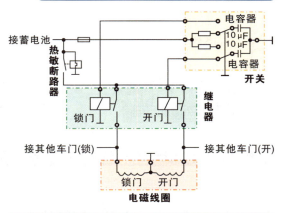

图11-5 电容控制的中央门锁系统

（3）车速感应式。在中央门锁系统中加装一车速（10 km/h）感应开关，当汽车行驶速度达10 km/h以上时，若车门未闭锁，不需要驾驶员操纵，门锁控制器将自动关闭，每个门可单独进行闭锁。车速感应式中央门锁系统如图11-6所示。

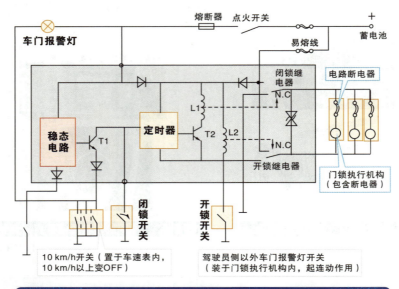

图11-6 车速感应式中央门锁系统

3）门锁执行机构

汽车电子门锁的执行机构有电磁铁式门锁执行机构或电动机式门锁执行机构。

（1）电磁铁式门锁执行机构。图11-7所示为一种双磁化线圈式门锁执行机构。当给锁门线圈通电时，衔铁带动连杆左移，即锁门；当给开门线圈通电时，衔铁带动连杆右移，即开锁。

（2）电动机式门锁执行机构。电动机式车门锁执行机构如图11-8所示，由双向永磁电动机以及齿轮和齿条等组成，电动机旋转带动齿条伸出或缩回，完成开锁和闭锁动作。

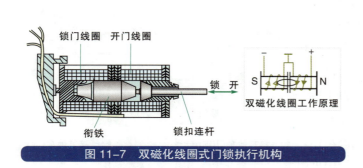

图11-7 双磁化线圈式门锁执行机构

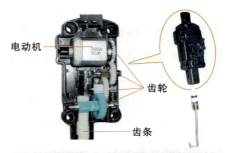

图11-8 电动机式门锁执行机构

2. 汽车中控门锁的工作原理

电控门锁的作用是通过电磁铁机构或电动机式机构来打开及锁止车门锁。电控门锁由门锁执行机构及联动机构、门锁控制开关、门锁控制继电器等主要部分组成。目前，高档车一般采用的是自动锁门式，即在可以手动控制门锁开闭的基础上，根据汽车车速自动锁死车门。

图 11-9 所示为一种电控门锁电路，驾驶员或乘客利用门锁开关可以接通或断开门锁继电器。门锁继电器包括锁定继电器和开锁继电器。

门锁开关都不接通时，所有电动机两端都通过继电器直接搭铁，电动机不转。

门锁开关接通（开锁或锁定）时，一个继电器通电，使电动机一端不再搭铁而与电源接通，不同的继电器工作，可以改变电动机中电流的方向，使门锁电动机的转向改变，实现开锁和锁定，具体工作原理如下：

当开关置于开锁位置时，开锁继电器线圈得电，继电器常开触点闭合，常闭触点打开，电动机一端经该触点与电源接通，另一端经锁定继电器常闭触点接地，电动机转动，门锁打开。

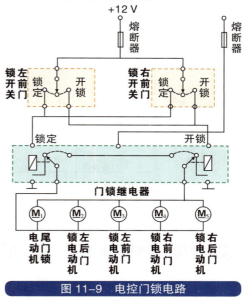

图 11-9　电控门锁电路

当开关置于锁定位置时，电源通过门锁开关给锁定继电器线圈供电，继电器常开触点闭合，常闭触点打开，电动机一端经该触点与电源接通，另一端经开锁继电器常闭触点接地，电动机向相反的方向转动，将车门锁住。

电控门锁电路举例：

图 11-10 所示为丰田威驰轿车电控门锁电路，电路工作原理如下：

电控门锁控制继电器 D4 接收来自主开关 D10 和左前门车门锁的信号，然后驱动门锁电动机，其中左前门锁电动机、右前门锁电动机、左后门锁电动机、右后门锁电动机并联接入门锁控制继电器的 3 脚和 1 脚，ACT+ 和 ACT- 为门锁电动机控制信号输出端。

当门锁开关置于"锁"位置时，门锁控制继电器的 6 脚输入搭铁信号，门锁控制继电器识别为锁门信号，继电器动作，从其 1 脚输出蓄电池电压，分别经左前门锁电动机、右前门锁电动机、左后门锁电动机、右后门锁电动机后回到门锁控制继电器的 3 脚，此时左前门、右前门、左后门、右后门电动机运转，同时上锁。

当门锁开关置于"未锁"位置时，门锁控制继电器的 7 脚输入搭铁信号，门锁控制继电器识别为开锁信号，继电器动作，从其 3 脚输出蓄电池电压，分别经左前门锁电动机、右前门锁电动机、左后门锁电动机、右后门锁电动机后回到门锁控制继电器的 1 脚，此时左前门、右前门、左后门、右后门电动机运转，同时开锁。

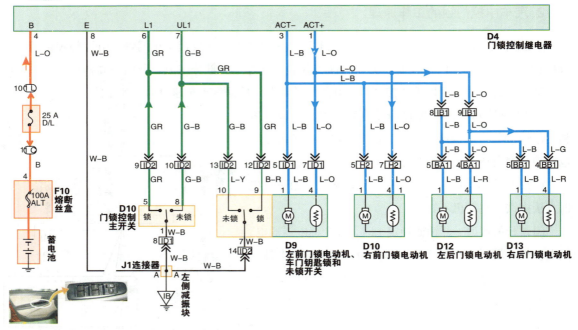

图 11-10　丰田威驰轿车电控门锁电路

3. 汽车中控门锁的拆装

以比亚迪 F3 轿车为例。

（1）拧出车门锁芯的固定螺钉，如图 11-11 所示。

（2）取下锁芯以及车门外拉手，如图 11-12 所示，取下车门外把手密封垫。

图 11-11　拧出车门锁芯的固定螺钉

图 11-12　取下锁芯以及车门外拉手

（3）拧出中央门锁电动机总成的固定螺钉，如图 11-13 所示。

（4）断开中央门锁电动机总成的线束插头，如图 11-14 所示。

（5）取出中央门锁电动机总成，如图 11-15 所示。

图11-13 拧出中央门锁电动机总成的固定螺钉

图11-14 断开中央门锁电动机总成的线束插头

图11-15 取出中央门锁电动机总成

4. 汽车中控门锁故障检修

1）全部门锁都不能工作

故障原因：

（1）熔断器断路；

（2）继电器损坏；

（3）门控开关触点烧蚀；

（4）搭铁点锈蚀或松动；

（5）连接线路断路。

维修思路：

（1）首先检查熔断器是否断路，若熔断器良好，则应将门控开关接通，检查电动机接线柱上的电压是否正常。

（2）若电压为零，则应检查继电器和电源线路；若电压正常，则应检查搭铁线是否良好。

（3）若搭铁不良，则应清洁、紧固搭铁线；若搭铁良好，则应对开关和电动机进行检测。

2）部分门锁不能工作

故障原因：

该门锁电动机损坏或对应开关、连接导线断路。

维修思路：

先检查线路是否正常，再检查开关和电动机是否正常。

3）汽车遥控器不能控制门锁

故障原因：

（1）遥控器电池无电；

（2）遥控器损坏；

（3）继电器损坏；

（4）熔断器断路；

（5）未锁警告灯开关总成烧蚀、短路；

（6）电控单元损坏；

（7）线束断路。

维修思路：

（1）检查遥控器发光二极管是否闪亮。按3次开关，检查发射器发光二极管是否亮3次。如果正常，则说明遥控器无故障；如果不正常，则更换遥控器电池后按3次开关，检查发射器发光二极管是否亮3次。如果不正常，则更换门控发射器；如果正常，则说明遥控器电池无电。

（2）检查熔断器是否断路。

（3）检查无线门锁功能。按遥控器开关1 s，遥控器正对驾驶员一侧的车门外侧把手，距离车辆1 000 mm，如果正常，则无线门锁故障；如果不正常，则转到下一步骤。

（4）检查未锁报警开关总成的导通性，如果不正常，则更换未锁警告灯开关总成。

（5）检查继电器。

（6）检查线束或连接器。

 六、练习与思考

（1）记录汽车中控门锁拆装过程。

（2）记录部分门锁不工作的原因。

 七、实训报告

(1) 成员实训报告,如表 10-4 所示。

表 10-4　成员实训报告

姓名:	班级:	分组:	日期:
实训项目:			
实训内容:			
自己评语:			
老师评语:			

（2）组长实训报告，如表10-5所示。

表10-5 组长实训报告

姓名：	班级：	分组：	日期：
实训项目：			
实训内容：			
第　　　组			
姓名：	姓名：	姓名：	姓名：
是否串岗（　　）	是否串岗（　　）	是否串岗（　　）	是否串岗（　　）
是否完成项目（　　）	是否完成项目（　　）	是否完成项目（　　）	是否完成项目（　　）
评价：优、良、差	评价：优、良、差	评价：优、良、差	评价：优、良、差
自己评语：			
老师评语：			

（3）班长实训报告，如表10-6所示。

表10-6　班长实训报告

姓名：	班级：	分组：	日期：
实训项目：			
实训内容：			
第一组	第二组	第三组	第四组
是否串岗（　　）	是否串岗（　　）	是否串岗（　　）	是否串岗（　　）
是否完成项目（　　）	是否完成项目（　　）	是否完成项目（　　）	是否完成项目（　　）
评价：优、良、差	评价：优、良、差	评价：优、良、差	评价：优、良、差
自己评语：			
老师评语：			

项目十二　电动后视镜及电动座椅的检查

一、实训目的

（1）掌握电动后视镜的结构原理。

（2）掌握电动座椅的结构原理。

（3）能检修电动座椅及电动后视镜。

二、实训前准备

（1）轿车 1 辆；

（2）数字万用表若干；

（3）拆卸工具 1 套。

三、老师讲解示范

（1）拆卸；

（2）检查；

（3）安装。

四、实训管理

（1）学生分组：每组 4~5 人。先让学生自己分组，选出 1 名组长并记录名字，然后视情况进行适当调整，如表 12-1 所示。

表 12-1　学生分组

第一组	第二组	第三组	第四组
组长：	组长：	组长：	组长：
成员：	成员：	成员：	成员：

项目十二　电动后视镜及电动座椅的检查

（2）学生组长：协调成员，规范学生操作并收集遇到的问题，如表12-2所示。

表12-2　学生规范操作（a）

第　　　组			
姓名：	姓名：	姓名：	姓名：
是否串岗（　　）	是否串岗（　　）	是否串岗（　　）	是否串岗（　　）
是否完成项目（　　）	是否完成项目（　　）	是否完成项目（　　）	是否完成项目（　　）
评价：优、良、差	评价：优、良、差	评价：优、良、差	评价：优、良、差

（3）老师指导：检查操作现场安全，提醒学生注意安全，规范学生操作，解决并收集遇到的问题，指导班长协助管理，如表12-3所示。

表12-3　学生规范操作（b）

班长：

第一组组长	第二组组长	第三组组长	第四组组长
是否串岗（　　）	是否串岗（　　）	是否串岗（　　）	是否串岗（　　）
是否协调成员（　　）	是否协调成员（　　）	是否协调成员（　　）	是否协调成员（　　）
评价：优、良、差	评价：优、良、差	评价：优、良、差	评价：优、良、差

五、实训操作

1. 电动后视镜

1）电动后视镜的组成

后视镜用来反映车辆后方、侧方和下方的情况，使驾驶员的视界更广。后视镜分外后视镜和内后视镜两种，这里指外后视镜。

电动后视镜由直流电动机、连接机构等组成，实物及安装位置如图12-1所示。

图12-1　电动后视镜

在左、右两个后视镜的背后各装有两套永磁电动机驱动系统，其中一套控制后视镜的上下运动；另一套控制后视镜的左右运动。后视镜的运动方向受开关控制，开关位置不同，流经电动机的电流方向就不同，电动机的转动方向就不同。

2）电动后视镜的工作原理

图12-2所示为卡罗拉电动后视镜电路图，当点火开关处于ACC挡时，蓄电池电压通过一系列熔断丝供电给电动后视镜电路，操作外后视镜开关的上/下、左/右键，控制后视镜电动机做相应动作，从而带动车外后视镜上/下或左/右运动。

左、右后视镜的动作基本相同，下面以左后视镜的运动为例做分析：

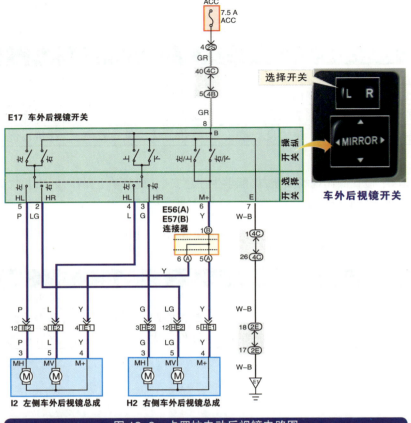

图12-2 卡罗拉电动后视镜电路图

选择车外后视镜开关中的开关"L"。

（1）左后视镜向上运动。当按下车外后视镜开关的操纵开关"上"键时，车外后视镜开关端子8-4接通、6-7接通，电流方向为经过熔断丝后的蓄电池电压→车外后视镜开关端子8→车外后视镜开关端子4→左外后视镜电动机端子5→左外后视镜电动机端子4→车外后视镜开关端子6→车外后视镜开关端子7→E1搭铁→蓄电池负极，左外后视镜向上运动。

（2）左后视镜向下运动。当按下车外后视镜开关的操纵开关"下"键时，车外后视镜开关端子8-6接通、4-7接通，电流方向为经过熔断丝后的蓄电池电压→车外后视镜开关端子8→车外后视镜开关端子6→左外后视镜电动机端子4→左外后视镜电动机端子5→车外后视镜开关端子4→车外后视镜开关端子7→E1搭铁→蓄电池负极，左外后视镜向下运动。

（3）左后视镜向左运动。当按下车外后视镜开关的操纵开关"左"键时，车外后视镜开关端子8-5接通、6-7接通，电流方向为经过熔断丝后的蓄电池电压→车外后视镜开关端子8→车外后视镜开关端子5→左外后视镜电动机端子3→左外后视镜电动机端子4→车外后视镜开关端子6→车外后视镜开关端子7→E1搭铁→蓄电池负极，左外后视镜向左运动。

（4）左后视镜向右运动。当按下车外后视镜开关的操纵开关"右"键时，车外后视镜开关端子8-6接通、5-7接通，电流方向为经过熔断丝后的蓄电池电压→车外后视镜开关端子8→车外后视镜开

项目十二 电动后视镜及电动座椅的检查

关端子6→左外后视镜电动机端子4→左外后视镜电动机端子3→车外后视镜开关端子5→车外后视镜开关端子7→E1搭铁→蓄电池负极,左外后视镜向右运动。

3)电动后视镜故障检修

电动后视镜的常见故障有：电动后视镜都不工作和电动后视镜部分功能不正常。

（1）电动后视镜都不工作。

故障原因：

一般是由于保险丝熔断、电源线路或搭铁线路断路引起的,也可能是控制开关有故障。

维修思路：

①检查熔断丝是否正常；

②检查控制开关线头有无脱落、松动,电源线路或搭铁线路是否正常；

③检查控制开关各接点通断情况。

2)电动后视镜部分功能不正常。

故障原因：

线路断路或控制开关/电动机有故障。

维修思路：

①检查线路的连接情况；

②检查开关；

③检查电动机。

2. 电动座椅

1)电动座椅的组成

为了提高汽车乘坐的舒适性,减小驾驶或长时间乘车的疲劳,现代轿车都安装有电动座椅调整装置。

电动座椅由座椅开关、电动机、传动装置等组成。一般电动座椅使用三个电动机实现座椅6个不同方向的调节,即前、后、上、下、前倾、后倾（见图12-3）。现代轿车调节功能增多,出现了对座椅前、后滑动调节,垂直调节,后垂直调节,靠背调节,腰部支撑调节,头枕调节等功能,调节装置及其在座椅上的布置如图12-4所示。

图12-3 6方向调节的电动座椅

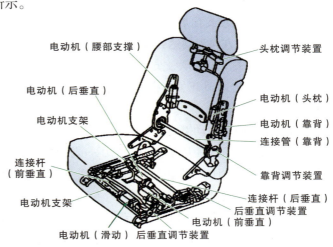

图12-4 电动座椅的调节装置及其在座椅上的布置

2）电动座椅的工作原理

图 12-5 所示为丰田凯美瑞驾驶员电动座椅调节电路图。凯美瑞驾驶员座椅带有 8 向电动调节功能，并且带有 2 向电动调节的腰部支撑，其工作原理如下：

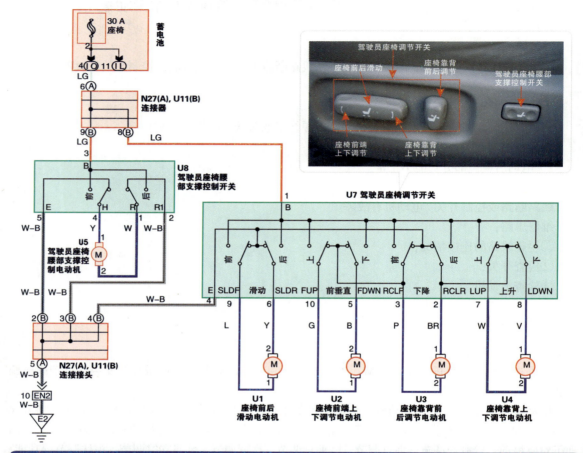

图 12-5　丰田凯美瑞驾驶员电动座椅调节电路图

（1）驾驶员座椅前后的滑动。按下座椅向前滑动键时，驾驶员座椅调节开关 U7 的 1-9 脚接通、6-4 接通，电流方向为到达驾驶员座椅调节开关 1 脚的蓄电池电压→30 A 乘客座椅熔断丝→驾驶员座椅调节开关 1 脚→驾驶员座椅调节开关 9 脚→座椅前后滑动电动机→驾驶员座椅调节开关 6 脚→驾驶员座椅调节开关 4 脚→连接头 N27（A）的 B4 号端子→E2 搭铁→蓄电池负极，此时驾驶员座椅向前滑动。

按下座椅向后滑动键时，驾驶员座椅调节开关 U7 的 1-6 脚接通、9-4 接通，电流方向为到达驾驶员座椅调节开关 1 脚的蓄电池电压→驾驶员座椅调节开关 6 脚→座椅前后滑动电动机→驾驶员座椅调节开关 9 脚→驾驶员座椅调节开关 4 脚→连接头 N27（A）的 B4 号端子→E2 搭铁→蓄电池负极，此时驾驶员座椅向后滑动。

（2）驾驶员座椅前端上下调节。按下座椅前端向上调节键时，驾驶员座椅调节开关 U7 的 1-10 脚接通、5-4 接通，电流方向为到达驾驶员座椅调节开关 1 脚的蓄电池电压→驾驶员座椅调节开关 10 脚→座椅前端上下调节电动机→驾驶员座椅调节开关 5 脚→驾驶员座椅调节开关 4 脚→连接头

项目十二　电动后视镜及电动座椅的检查

N27（A）的 B4 号端子→E2 搭铁→蓄电池负极，此时驾驶员座椅前端向上移动。

按下座椅前端向下调节键时，驾驶员座椅调节开关 U7 的 1–5 脚接通、10–4 接通，电流方向为到达驾驶员座椅调节开关 1 脚的蓄电池电压→驾驶员座椅调节开关 5 脚→座椅前端上下调节电动机→驾驶员座椅调节开关 10 脚→驾驶员座椅调节开关 4 脚→连接头 N27（A）的 B4 号端子→E2 搭铁→蓄电池负极，此时驾驶员座椅前端向下移动。

（3）驾驶员座椅靠背前后调节。按下座椅靠背向前调节键时，驾驶员座椅调节开关 U7 的 1–3 脚接通、2–4 接通，电流方向为到达驾驶员座椅调节开关 1 脚的蓄电池电压→驾驶员座椅调节开关 3 脚→座椅靠背前后调节电动机→驾驶员座椅调节开关 2 脚→驾驶员座椅调节开关 4 脚→连接头 N27（A）的 B4 号端子→E2 搭铁→蓄电池负极，此时驾驶员座椅靠背向前移动。

按下座椅靠背向后调节键时，驾驶员座椅调节开关 U7 的 1–2 脚接通、3–4 接通，电流方向为到达驾驶员座椅调节开关 1 脚的蓄电池电压→驾驶员座椅调节开关 2 脚→座椅靠背前后调节电动机→驾驶员座椅调节开关 3 脚→驾驶员座椅调节开关 4 脚→连接头 N27（A）的 B4 号端子→E2 搭铁→蓄电池负极，此时驾驶员座椅靠背向后移动。

（4）驾驶员座椅靠背上下调节。按下座椅靠背向上调节键时，驾驶员座椅调节开关 U7 的 1–7 脚接通、8–4 接通，电流方向为到达驾驶员座椅调节开关 1 脚的蓄电池电压→驾驶员座椅调节开关 7 脚→座椅靠背上下调节电动机→驾驶员座椅调节开关 8 脚→驾驶员座椅调节开关 4 脚→连接头 N27（A）的 B4 号端子→E2 搭铁→蓄电池负极，此时驾驶员座椅靠背向上移动。

按下座椅靠背向下调节键时，驾驶员座椅调节开关 U7 的 1–8 脚接通、7–4 接通，电流方向为到达驾驶员座椅调节开关 1 脚的蓄电池电压→驾驶员座椅调节开关 8 脚→座椅靠背上下调节电动机→驾驶员座椅调节开关 7 脚→驾驶员座椅调节开关 4 脚→连接头 N27（A）的 B4 号端子→E2 搭铁→蓄电池负极，此时驾驶员座椅靠背向下移动。

（5）驾驶员座椅腰部支撑控制。按下驾驶员座椅腰部支撑控制向前调节键时，驾驶员座椅腰部支撑控制开关 3–4 脚接通、1–2 脚接通，电流方向为蓄电池电压→30 A 乘客座椅熔断丝→驾驶员座椅腰部支撑控制开关 3 脚→驾驶员座椅腰部支撑控制开关 4 脚→驾驶员座椅腰部支撑控制电动机→驾驶员座椅腰部支撑控制开关 1 脚→驾驶员座椅腰部支撑控制开关 2 脚→连接头 N27（A）的 B3 端子→E2 搭铁→蓄电池负极，此时驾驶员座椅腰部支撑向前移动。

按下驾驶员座椅腰部支撑控制向后调节键，驾驶员座椅腰部支撑控制开关 3–1 脚接通、4–5 脚接通，电流方向为蓄电池电压→30 A 乘客座椅熔断丝→驾驶员座椅腰部支撑控制开关 3 脚→驾驶员座椅腰部支撑控制开关 1 脚→驾驶员座椅腰部支撑控制电动机→驾驶员座椅腰部支撑控制开关 4 脚→驾驶员座椅腰部支撑控制开关 5 脚→连接头 N27（A）的 B2 号端子→E2 搭铁→蓄电池负极，此时驾驶员座椅腰部支撑向后移动。

3）电动座椅故障检修

电动座椅最常见的故障是：座椅不能前后运动，不能上升、下降，背部支撑不动作等。下面以凯美瑞电动座椅电路为例，对电动座椅故障进行检修。

（1）驾驶员座椅不动作。

故障原因：

①座椅熔断丝熔断；

②搭铁点松落；

③线束断路。

维修思路：

①检查控制电路的供电。用万用表测量连接器 N27 A6 端子（正极）与车身接地点（负极）的电压，正常值应为 12 V（蓄电池电压），否则应检查蓄电池电压、30 A 座椅熔断丝以及蓄电池至熔断丝间线束是否断路。

②检查控制电路的搭铁。用电阻表检查 N27 A5 端子与搭铁点"E2"间是否导通，正常情况应导通，否则检查 N27 连接器及搭铁点"E2"的连接是否牢固。

③检查连接器。用电阻表检查连接器 N27 A6 端子与 B8、B9 之间是否导通，正常情况应导通，否则应更换连接器 N27。

（2）电动座椅不能向前或向后移动。

故障原因：

①驾驶员座椅开关损坏；

②滑动电动机损坏；

③线束断路等。

维修思路：

①检查驾驶员座椅开关。用试灯或发光二极管测试驾驶员座椅开关端子"9"至车身的接地情况，且按下驾驶员座椅向前开关，试灯应点亮，否则表明驾驶员座椅向前开关损坏，应更换；然后，用试灯检查驾驶员座椅开关端子"6"至车身的接地情况，且按下驾驶员座椅向后开关，试灯应点亮，否则表明驾驶员座椅向后开关损坏，应更换。

②检查接连线束。用万用表检查驾驶员座椅调节开关"9"至座椅滑动电动机"1"、驾驶员座椅调节开关"6"至座椅滑动电动机"2"间的线束导通情况，如不导通，则说明线束断路或与端子连接不良，应更换或检修。

③检查滑动电机。用试灯检查滑动电机插件端子"1"至"2"，且分别按下座椅调节向前、向后开关，试灯应分别点亮，否则说明接插件接触不良或滑动电动机损坏，应检修或更换。

（3）电动座椅不能升降。

故障原因：

①驾驶员座椅开关损坏；

②升降电动机损坏；

③线束断路等。

维修思路：

①检查驾驶员座椅开关。用试灯或发光二极管测试驾驶员座椅开关端子"10"至车身的接地情况，且按下驾驶员座椅上升开关，试灯应点亮，否则表明驾驶员座椅上升开关损坏，应更换；然后，用试灯检查驾驶员座椅开关端子"5"至车身的接地情况，且按下驾驶员座椅下降开关，试灯应点亮，否则表明驾驶员座椅下降开关损坏，应更换。

②检查接连线束。用万用表检查驾驶员座椅调节开关"10"至座椅升降电动机"1"、驾驶员座椅调节开关"5"至座椅升降电动机"2"间的线束导通情况，如不导通，则说明线束断路或与

端子连接不良,应更换或检修。

③检查前升降电机。用试灯检查升降电机接插件端子"1""2",且分别按下座椅调节向下、向上开关,应分别点亮,否则表明接插件接触不良或前升降电动机损坏,应检修或更换。

(4)电动座椅靠背不能前后调节。

故障原因:

①驾驶员座椅开关损坏;

②靠背前后电动机损坏;

③线束断路等。

维修思路:

①检查驾驶员座椅开关。用试灯或发光二极管测查驾驶员座椅开关端子"3"至车身的接地情况,且按下驾驶员座椅靠背向前开关,试灯应点亮,否则表明驾驶员座椅靠背向前调节开关损坏,应更换;然后,用试灯检查驾驶员座椅开关端子"2"至车身的接地情况,且按下驾驶员座椅靠背向后开关,试灯应点亮,否则表明驾驶员座椅靠背向后调节开关损坏,应更换。

②检查接连线束。用万用表检查驾驶员座椅调节开关"3"至座椅靠背前后调节电动机"2"、驾驶员座椅调节开关"2"至座椅靠背前后调节电动机"1"间的线束导通情况,如不导通,则说明线束断路或与端子连接不良,应更换或检修。

③检查靠背前、后电动机。用试灯检查靠背前后电动机接插件端子"1""2",且分别按下座椅调节向后、向前开关,应分别点亮,否则表明接插件接触不良或靠背前后电动机损坏,应检修或更换。

(5)电动座椅靠背不能上下调节。

故障原因:

①驾驶员座椅开关损坏;

②靠背上下电动机损坏;

③线束断路等。

维修思路:

①检查驾驶员座椅开关。用试灯或发光二极管检查驾驶员座椅开关端子"7"至车身的接地情况,且按下驾驶员座椅靠背向上开关,试灯应点亮,否则表明驾驶员座椅靠背向上调节开关损坏,应更换;然后,用试灯检查驾驶员座椅开关端子"8"至车身的接地情况,且按下驾驶员座椅靠背向下开关,试灯应点亮,否则表明驾驶员座椅靠背向下调节开关损坏,应更换。

②检查接连线束。用万用表检查驾驶员座椅调节开关"7"至座椅靠背调节电动机"2"、驾驶员座椅调节开关"8"至座椅靠背上下调节电动机"1"间的线束导通情况,如不导通,则说明线束断路或与端子连接不良,应更换或检修。

③检查靠背上下电动机。用试灯检查靠背前后电动机接插件端子"1""2",且分别按下座椅调节向上、向下前开关,应分别点亮,否则表明接插件接触不良或前靠背上下电动机损坏,应检修或更换。

(6)电动座椅腰部支撑不能调节。

故障原因:

①驾驶员座椅腰部支撑控制开关损坏；

②驾驶员座椅腰部支撑电动机损坏；

③线束断路等。

维修思路：

①检查驾驶员座椅腰部支撑控制开关。用试灯或发光二极管检查驾驶员座椅腰部支撑控制开关端子"4"至车身的接地情况，且按下驾驶员座椅腰部支撑向前开关，试灯应点亮，否则表明驾驶员座椅腰部支撑向前开关损坏，应更换；然后，用试灯检查座椅腰部支撑控制开关端子"1"至车身的接地情况，且按下驾驶员座椅腰部支撑向后开关，试灯应点亮，否则表明驾驶员座椅腰部支撑向后开关损坏，应更换。

②检查接连线束。用万用表检查驾驶员座椅腰部支撑控制开关"1"至座椅腰部支撑调节电动机"2"、驾驶员座椅腰部支撑控制开关"4"至座椅靠背调节电动机"1"间的线束导通情况，如不导通，则说明线束断路或与端子连接不良，应更换或检修。

③检查驾驶员座椅腰部支撑电动机。用试灯检查驾驶员座椅腰部支撑电动机接插件端子"1""2"，且分别按下座椅腰部支撑向前、向后开关，应分别点亮，否则表明接插件接触不良或驾驶员座椅腰部支撑电动机损坏，应检修或更换。

 六、练习与思考

（1）能按照电路图查找系统的工作线路。

（2）对系统开关进行检查。

七、实训报告

(1) 成员实训报告,如表 12-4 所示。

表 12-4　成员实训报告

姓名:	班级:	分组:	日期:
实训项目:			
实训内容:			
自己评语:			
老师评语:			

(2)组长实训报告,如表12-5所示。

表12-5 组长实训报告

姓名:	班级:	分组:	日期:
实训项目:			
实训内容:			
第　　　组			
姓名: 是否串岗(　　) 是否完成项目(　　) 评价:优、良、差	姓名: 是否串岗(　　) 是否完成项目(　　) 评价:优、良、差	姓名: 是否串岗(　　) 是否完成项目(　　) 评价:优、良、差	姓名: 是否串岗(　　) 是否完成项目(　　) 评价:优、良、差
自己评语:			
老师评语:			

（3）班长实训报告，如表12-6所示。

表12-6　班长实训报告

姓名：	班级：	分组：	日期：
实训项目：			
实训内容：			
第一组	第二组	第三组	第四组
是否串岗（　　）	是否串岗（　　）	是否串岗（　　）	是否串岗（　　）
是否完成项目（　　）	是否完成项目（　　）	是否完成项目（　　）	是否完成项目（　　）
评价：优、良、差	评价：优、良、差	评价：优、良、差	评价：优、良、差
自己评语：			
老师评语：			